忘却のための「和解」

『帝国の慰安婦』と日本の責任

鄭 栄桓
CHONG Yonghwan

世織書房

忘却のための「和解」

『帝国の慰安婦』と日本の責任

鄭栄桓 CHONG Younghwan

忘却のための「和解」――『帝国の慰安婦』と日本の責任・目　次

1　『帝国の慰安婦』、何が問題か――3

1　「平和の少女像」は何を待つか……3
2　『帝国の慰安婦』とは何か……6
3　『帝国の慰安婦』事態と日本の知識人……9
4　『帝国の慰安婦』批判の方法と課題……14

2　日本軍「慰安婦」制度と日本の責任　23

1　『帝国の慰安婦』は日本の責任を問うたか？　23
2　『帝国の慰安婦』の歴史修正主義「批判」の特徴　24
3　『帝国の慰安婦』の日本軍責任否定の「論理」　29
1▪「需要・黙認」責任論・業者主犯説／2▪「需要・黙認」責任論の誤り／3▪軍の「よい関与」論／4▪「国民動員」論と「自発的な売春婦」論の共存／5▪「性奴隷」説批判の問題点／6▪未成年者徴集の軽視とフェミニズム言説の借用／7▪日本の法的責任と軍の犯罪
4　挺身隊理解の混乱　51
1▪秦郁彦「女子挺身勤労令不適用」説の受容と無理解／2▪「挺身隊＝自発的志願」説と「民族の〈嘘〉」論

3　歪められた被害者たちの「声」　61

1　『帝国の慰安婦』は「女性たちの声」に耳を澄ませたか？　61
2　千田夏光『従軍慰安婦』の誤読による「愛国」の彫琢　62

3 「兵士たちの声」の復権と「同志的関係」論……70
1・「愛国」的存在論／2・日本人「慰安婦」＝朝鮮人「慰安婦」？
1・古山高麗雄と「兵士たちの声」／2・否定論者の言説と「同志的関係」論
4 「女性たちの声」の歪曲と簒奪……77
1・証言の歪曲／2・証言の簒奪

4 日韓会談と根拠なき「補償・賠償」論——83

1 被害者たちが補償を受ける機会を奪ったのは韓国政府だった？……83
2 〈一九六五年体制〉と『帝国の慰安婦』……84
1・〈一九六五年体制〉の動揺／2・憲法裁判理解の誤りと藍谷論文の誤読
3 日韓会談と請求権問題……89
1・「慰安婦」被害者の請求権を「抹消」したのは韓国政府？／2・「経済協力」は「戦後補償」であった？／3・在朝鮮日本財産と個人請求権

5 河野談話・国民基金と植民地支配責任 103
1 『帝国の慰安婦』は植民地主義を批判したか？ 103
2 河野談話・国民基金は「植民地支配問題」に応答したか？ 104
1■河野談話と植民地問題／2■国民基金の「償い金」は実質的補償だった？／3■クマラスワミが日本政府の「説明を受け入れた」？
3 植民地主義としての「帝国の慰安婦」論 112
1■植民地支配の問題を戦争の問題に矮小化？／2■植民地主義としての「帝国の慰安婦」論／3■「責任者処罰」の否定と天皇の戦争責任
4 『帝国の慰安婦』と「二つの歴史修正主義」 122
6 終わりに＝忘却のための「和解」に抗して 129
註 139

参考文献　159

資　料　169

1　日韓外相共同記者発表（二〇一五年一二月二八日）　169
2　『帝国の慰安婦』朝鮮語版・日本語版目次対照表　171
3　『帝国の慰安婦』出版禁止箇所（三四ケ所）と日本語版の表現　177
4　朴裕河氏の起訴に対する抗議声明　185
5　『帝国の慰安婦』事態に対する立場　187
6　慰安婦関係調査結果発表に関する河野内閣官房長官談話　189
7　アジア女性基金事業実施に際しての総理の手紙　191

あとがき　193

忘却のための「和解」

1. 『帝国の慰安婦』、何が問題か

1　「平和の少女像」は何を待つか

ソウルの日本大使館前の「少女像」は椅子に座っている。少女はなぜ座っているのか、少女は誰かを待っているのか。少女像の制作者である彫刻家キム・ウンソンとキム・ソギョンは「誰かを待つというよりは日本政府の反省と悔い改め、法的賠償を待っているのです」と答える(1)。少女から伸びるハルモニ（お婆さん）の形をした影は、「謝罪反省を一度も受けないまま、過ぎた歳月のハルモニたちの恨が凝り固まった時間の影」なのだという。

少女像は正式名称を「平和の碑」という、高さ一二〇センチメートルほどのブロンズ像である。「平和の少女像」とも呼ばれ、二〇一一年一二月一四日に「日本軍慰安婦問題解決のための定期水曜示威」（以下、「水曜集会」と記す）一〇〇〇回を記念して韓国挺身隊問題対策協議会（以下、「挺対協」と記す）の呼びかけで建てられた。挺対協は日本軍「慰安婦」被害者たちの歩んだ苦難と運動の歴史を、一部の人びとの「記憶」にとどめずに、平和と人権のための空間へと拡張するため「平和の碑」の設置を呼びかけたという(2)。以来長きにわたり、日本への謝罪と補償を求める運動のシンボルであり続けている。

少女の横には空席の椅子がある。これは「いつもいっしょになって水曜集会の活動を共にしてきたお姉さんや友達、妹たちが一人二人、亡くなってもう一緒に活動することができない状態」を表現したものであるという。少女像のつくられた二〇一一年は、金学順さん自らが日本軍「慰安婦」であったことを初めて公開の場で証言し、日本政府に謝罪と補償を求める訴えを起こしてから二〇年目を迎える年であった。この時点ですでに少なくない被害者たちが亡くなっていただろう。二〇年のあいだにも、多くの人びとがこの世を去った。空席はついに待っていたものに会えなかった人びとの象徴なのである。

空席に込められた思いはもう一つあるという。多くの人びとがともに日本大使館をみつめ、「幼い少女像の心情と年老いたハルモニ（お婆さん：引用者注）たちの立場を一緒に分かち合ってみるようにする」ためである。私は韓国に入国できないため、残念ながらこの席に座ったことがない。おそらく多くの人びとが、このこじんまりとした少女の隣に座り、少女像とともに日本の責任を問い続けたのであろう。

「反省と悔い改め、法的賠償」を拒絶する人びとは、それゆえ少女像を執拗に批判し続けてきた。日本政府は設置以前から韓国政府に少女像設置を許可しないよう働きかけ、設置後も「非礼」であると非難して撤去を求め続けた。極右・保守系メディアも少女像を「慰安婦像」と呼んで批判を繰り返し(3)、二〇一二年六月にはある日本人男性が「竹島は日本固有の領土」という杭を少女像にしばりつける事件も起きた。少女像は、政府や日本の保守系メディアに敵視されてきたといっても過言ではない。

だからこそ、昨二〇一五年一二月二八日に発表された日韓外相の「最終合意」（以下、「「合意」」と記す。【資料1「日韓外相共同記者発表」参照】）は衝撃的であった。日本政府は表面的に「責任」と「謝罪」に言及するにとどまったにもかかわらず、韓国政府が設立する財団へ一〇億円を拠出することで「慰安婦」問題を「最終的かつ不可逆的」に終わらせることで両国が「合意」した。そのうえ韓国政府がこの少女像を撤去するための交渉を関連団体とするというのである。

少女像の撤去は、果たして外交上の「礼儀」の問題なのであろうか。むしろ少女像とともに被害者たちが待つ「日本政府の反省と悔い改め、法的賠償」の求めに応じないどころか、こうした声に耳を閉ざし、声そのものを封じてしまいたい願望のあらわれなのではないか。被害者や多くの韓国の市民たちが少女像に連日集まって「合意」を批判し続けているのは、少女像の撤去を求める声の底にある願望を敏感に感じ取ってのことではあるまいか。

しかし、韓国で無効と白紙化を主張する声が沸き上がっているのとは対照的に、日本では「合意」は非常に高く評価されている。外相会談の開催が決まってから、テレビや新聞はいかにして韓国に問題を「蒸し返させないか」がポイントだと連日報道した。「合意」後のメディアの論調も韓国側に少女像の撤去などの確実な履行を迫ろうと主張するものがほとんどであった。日本軍「慰安婦」問題への責任認定や謝罪・補償が不十分であるという視点から「合意」を批判的に扱った全国紙は一紙も存在しなかった。

そもそも「慰安婦」問題が日本社会に問うのたのは、何であったのか。日本軍は、一九三二年の第一次上海事変から一九四五年の敗戦までの間、軍人や軍属の性欲解消のための施設、すなわち軍慰安所を設けた。「慰安婦」とはこの軍慰安所で軍人や軍属の相手をさせられた女性

写真　平和の少女像

ソウルの日本大使館前に座る「平和の碑」（キム・ソギョン撮影、岡本有佳・金富子責任編集『〈平和の少女像〉はなぜ座り続けるのか』世織書房、2016年、42頁）。

たちをさす。金学順さんたち被害者たちが求めたのは、日本軍が侵略戦争の遂行のためにつくり、維持し、拡大させた、こうした戦時性奴隷制による被害に対する責任を、日本の人びとが果たすことではなかったか。

だが、被害者たちが公開の場で日本の責任を問い始めてから四半世紀の後に日本社会が示した応答は、少女像の撤去を求める声であった。もちろんすべての人びとがそうだとは考えたくはないが、「合意」をめぐる日本と韓国社会の反応の落差をみると、結局のところ大多数の人びとは「日本政府の反省と悔い改め、法的賠償を待っている」ことそのものを不愉快に感じているのではないかと疑わざるをえなくなる。

なぜこのような事態に至ったのだろうか。「慰安婦」問題をめぐる日本のマスメディアの論調は一朝一夕に作り出されたものではなく、当然ながら四半世紀の間にさまざまな紆余曲折があったが、ここ数年の間に日本のメディアで目立つようになった論調がある。それは、被害者たちの要求を日本政府が受け入れるのではなく、被害者たちをある程度譲歩させることで「慰安婦」問題を「解決」しようという「和解」論である。こうした「和解」論は、「慰安婦」問題に関する日本の責任を認めようとしない者たちだけではなく、相当広範な人びとに影響を与えた。だからこそ、「合意」への画一的な反応の背景を理解するためには、「和解」論の浸透という現象を検証することが不可欠であると私は考える。そして、この現象を理解するうえでの重要な鍵となるのが、『帝国の慰安婦』という書物である。

2　『帝国の慰安婦』とは何か

朴裕河『帝国の慰安婦　植民地支配と記憶の闘い』（뿌리와이파리、二〇一三年、日本語版は朝日新聞出版、二〇一四年）は、おそらく近年出版された日本軍「慰安婦」問題についての書物のなかでも、もっとも注目された著作の一

つであろう。

著者の朴裕河氏（以下、敬称は略す）は日本近代文学専攻の世宗大学校国際学部教授である。一九五七年にソウルで生まれ、慶応義塾大学文学部を卒業後、早稲田大学大学院文学研究科博士課程を修了した。日本での著書に『反日ナショナリズムを超えて』（安宇植訳、河出書房新社、二〇〇五年）や『和解のために 教科書・慰安婦・靖国・独島』（佐藤久訳、平凡社、二〇〇六年）などがあり、前者は日韓文化交流基金賞、後者は大佛次郎論壇賞を受賞した。

『帝国の慰安婦』はこのように日韓間のさまざまな歴史認識問題について発言してきた著者が、本格的に日本軍「慰安婦」問題に取り組んだ著作である。二〇一三年に韓国で出版され、翌二〇一四年に著者自身の翻訳による日本語版が出版された。朝鮮語版と日本語版は全体の構成や基本的な論旨は変わらないものの、後者には大幅な加筆修正が加えられている。事実上の新版といえよう（【資料2「『帝国の慰安婦』朝鮮語版・日本語版目次対照表」参照】）。

『帝国の慰安婦』とはいかなる本なのか。朴裕河は、現在の日韓対立を「慰安婦」をめぐるイメージの分裂に起因するものとみる。すなわち「性奴隷」論と「売春婦」論の分裂であるが、朴によれば両者とも「慰安婦」の歴史的実態の全体像をとらえておらず一面的である。代わりに提示されるのが「帝国の慰安婦」という歴史像である。朝鮮人「慰安婦」の特徴について朴は次のように指摘する(4)。


「朝鮮人慰安婦」はこのように中国やインドネシアのような占領地／戦闘地の女性らと区別される存在だった。いわば日本軍との基本的な関係において決定的に異なっていた。植民地となった朝鮮と台湾の慰安婦はどこまでも「準日本人」として帝国の一員であり（もちろん、実際には決して「日本人」になりえない差別があった）、軍人たちの戦争遂行を助ける関係であった。それが「朝鮮人慰安婦」の基本役割であった。（韓、六〇頁）

朴が「帝国の慰安婦」と題した理由はここにある。朴は日本軍「慰安婦」を「準日本人」であった朝鮮や台湾の女性たちと、「占領地／戦闘地」の中国やインドネシアの女性たちとに区別する。前者は、大日本帝国の「臣民」であったが、後者は「敵国」の女性たちであったからだ。「帝国の慰安婦」とはつまり、「大日本帝国の慰安婦」あるいは「帝国臣民たる慰安婦」という意味なのである。

朴裕河はこの「帝国の慰安婦」論を軸に、個々の「慰安婦」たちと日本軍との関係を位置づける。日本軍と朝鮮人や日本人「慰安婦」は「基本的な関係」において共通していた。日本人と同じく、朝鮮人「慰安婦」は日本軍の戦争遂行を助ける「愛国」的存在であり、女性たちには兵士への「同志意識」があった。慰安所のなかでは部分的ではあっても「愛と平和が可能であった」のであり、それは「朝鮮人慰安婦と日本軍の関係が基本的には同志的な関係だったから」（韓、六七頁）だ、と。ここでは朴裕河のこうした日本軍「慰安婦」制度理解を「帝国の慰安婦」論と呼ぶことにする。

本書の特徴は、このように日韓対立を「慰安婦」イメージの修正により調停し「和解」を図ろうとするところにある。だからこそ朴は、少女像を次のように批判する。

つまり、そこには、日本の服を着せられて日本名を名乗らされて「日本人」を代替した「朝鮮人慰安婦」はいない。日本軍兵士を愛し、結婚した女性も、そこでは居場所を与えられていない。死に赴く日本軍を最後の民間人として見送り、日本軍を自分と同じ運命に落ちた気の毒な存在とみなして同情する「朝鮮人慰安婦」は、そこにはいないのである。

少女像には「平和碑」という名前がついている。しかし、実際は少女像は、差別されながらも戦争遂行の同志だった記憶や許しの記憶を消去したまま、恨みだけを込めた目で、日本に対する敵対状況に列なることを要求する。したがって、〈日本軍より業者が憎い〉とする慰安婦もそこには存在し得ない。結果的にそこには〈朝鮮人慰安婦はいない〉。（一五四―一五五頁）

一面的な「慰安婦」イメージのみが表象されているというのだ。そもそも「少女像」は戦場での「慰安婦」を表象しようとした像ではないが、ここではひとまず朴裕河がいかなる「慰安婦」理解を有しているかを指摘するに留めよう。朴のいう日韓対立の図式が果たして妥当なのかも含めて、本論で具体的に検討することになろう。

いずれにしても、朴裕河はこのように韓国でいわれている「強制的に連れて行かれた二〇万人の少女」という認識にとらわれて語られなかった（とされる）「記憶」を提示することで、日韓の外交的対立を生み出している「慰安婦」問題を「和解」へと導こうとする。そして、「帝国の慰安婦」論を梃子に、日本軍と人身売買「業者」の責任論、「からゆきさん」と「慰安婦」の関係、戦後補償と日韓条約、そして近年の「慰安婦」問題をめぐる外交的対立と支援団体の問題などについて自論を全面的に展開するのである。

3　『帝国の慰安婦』事態と日本の知識人

しかし、朴裕河のこうした「帝国の慰安婦」論に異議申し立てをする人びとがあらわれた。ほかならぬ元日本軍「慰安婦」被害者たちである。

「ナヌムの家」に暮らす九人の女性たちは、二〇一四年六月一六日、日本軍「慰安婦」を日本軍の「同志」であり戦争の「協力者」と表現した本書の記述が名誉毀損にあたるとして民事上の損害賠償と出版禁止、接近禁止を求めて裁判を起し、あわせて刑事上の名誉毀損罪で告訴した。「帝国の慰安婦」論の核心的主張を、被害当事者たちが名誉毀損と訴えたのである。

ソウル東部地方裁判所は二〇一五年二月一七日、原告の要求を容れ、指定した三四カ所の記述を削除しなければ書籍の出版等を行ってはならないとの仮処分決定を下した。このため、韓国では二〇一五年六月に削除を命じられた三四カ所を伏せ字（〇〇と表示）にした第二版が出版された（【資料3「『帝国の慰安婦』出版禁止箇所（三四ケ所）と日本語版の表現」参照】）(5)。また、同年一一月一八日、ソウル東部地方検察庁刑事第一部は、名誉毀損の罪で朴裕河を在宅起訴した。二〇一六年一月一三日には、ソウル東部地裁は被害者一人あたり一千万ウォン、計九千万ウォンを支払うよう命じた（被告は控訴）。

この裁判は、それまであまり知られていなかった朴裕河と『帝国の慰安婦』を、世間に知らしめた。日本でも朴裕河は「反日」韓国の言論弾圧にあう「良心的知識人」として報じられ(6)、裁判は異例ともいえるほどの大きな扱いを受ける。

特に二〇一五年一一月の韓国検察による著者の在宅起訴は、日本のメディアの朴裕河擁護の論調を決定的にした。日本のマスメディアは『朝日』から『産経』にいたるすべての全国紙が一致して起訴を言論の自由への弾圧であると批判した。一一月二六日には日米の学者・ジャーナリストら五四人が「朴裕河氏の起訴に対する抗議声明」（以下、「「抗議声明」」と記す。【資料4参照】）を発表し、「検察庁という公権力が特定の歴史観をもとに学問や言論の自由を封圧する挙」に出たことに抗議した(7)。一二月二日には韓国で朴裕河が記者会見を行い、韓国の学者ら一九一人も起訴に反対する声明を出した。

「言論の自由」の封殺という見方に異論がなかったわけではない。一二月九日には金昌禄・慶北大学教授、李娜栄・中央大学教授、李在承・建国大学教授ら「慰安婦」問題に取り組んできた研究者・活動家らが異なる態度を表明する。この声明「『帝国の慰安婦』事態に対する立場」(【資料5参照】)は原則として名誉毀損罪の適用は慎重であるべきとしながらも訴訟は「学問と表現の自由」という観点からのみ考えるべきではなく、「充分な学問的裏付けのない叙述によって被害者たちに苦痛を与える本である」側面を注視すべきであるとした。この場で告訴した元「慰安婦」被害者の柳喜男氏は「自分の娘が、母が、お婆さんがそうされても(朴裕河は:引用者注)そう考えるのか。知識の自由があったとしても好き勝手に言ってもいいのか」と発言し(8)、声明には抗議声明よりはるかに多い韓国・日本などの三八〇人が名を連ねた。

右の声明「立場」は、『帝国の慰安婦』事態をめぐって日本で起こった支持・賞賛の動きを『帝国の慰安婦』事態と名づけ、「私たちは日本の知識社会が「多様性」を全面に押し出して『帝国の慰安婦』を積極的に評価しているという事実に接して、果たしてその評価が厳密な学問的検討を経たものなのかについて実に多くの疑問を持たざるをえません」と指摘したが、確かに本書についての日本の言論・出版界の評価は左右を問わずすこぶる高い。個々の評者の肯定的評価にとどまらず、日本の知識人たちが声を一にして『帝国の慰安婦』を絶賛する、普通では考えられないような「事態」が発生していると考えるのも無理はない。

なかでも「リベラル」を自任する人々(9)の評価は高い。作家の高橋源一郎は本書を「これから書かれる、すべての「慰安婦」に関することばにとって、共感するにせよ反発するにせよ、不動の恒星のように、揺れることのない基軸となるだろう」と絶賛し(10)、政治学者の杉田敦も『朝日新聞』の書評で「複雑な問題に極力公平に向き合おうとした努力は特筆に値する」と讃える(11)。「一部のユダヤ人によるナチス協力にさえ言及した」ため「ユダヤ人社会で孤立した」ハンナ・アーレントに杉田がなぞらえたことからわかるように(12)、こうした評価は明確に韓国での裁判を意識したものであった。

二〇一五年一〇月には第二七回アジア・太平洋賞特別賞(毎日新聞社・アジア調査会主催)を受賞、選考委員の国際政治学者・田中明彦は「全面的、実証的、理性的、かつ倫理的な分析」であり、「本書ほど、この問題のすべての側面を理性的に検討した本はない」(13)と高く評価した。一二月にも第一五回石橋湛山記念早稲田ジャーナリズム大賞文化貢献部門大賞（早稲田大学主催）を受賞した。選考委員のジャーナリスト・鎌田慧は、「『従軍慰安婦と軍隊』という関係からではなく、『帝国主義』という枠組みの中で、人間の精神がどうなっているのか、という問題を掘り起こしてきた」本書は「歴史的な作品」であると絶賛した。「選考委員の満場一致」で授賞が決定したという(14)。

手放しの絶賛といってもよい高評価だが、実は朴裕河の著作が日本の論壇で注目されたのはこれが初めてではない。朴裕河の前著『和解のために　教科書・慰安婦・靖国・独島』（以下、「『和解』」と記す）も、同じように「リベラル」知識人たちから肯定的に評価された。『帝国の慰安婦』事態を考えるうえでの重要な前史なので、『和解』の何が評価されたかを少し詳しく見ておこう。

『和解』は副題にもある通り、歴史教科書、靖国神社参拝、独島の領有権問題など、当時の日韓の間で外交問題となっていた争点とあわせて、第2章「『慰安婦』——「責任」は誰にあるのか」で日本軍「慰安婦」問題の「和解」について論じた。二〇〇八年には「学問的な水準も高く、時事問題の解説としてもバランスがとれ」（大佛次郎論壇賞選考委員・入江昭コメント）た著作と評価され、第七回大佛次郎論壇賞（朝日新聞社主催）を受賞した。

『和解』が絶賛された最大の理由は、韓国人の立場から韓国の「反日ナショナリズム」を批判したことにあった。上野千鶴子は『和解』の解説で「朴さんは、韓国国民であり、韓国国民としての立場から語っている。だが、朴さんの意見は、日韓両国のナショナリズムの怒りを買うことだろう。そして自国のナショナリズムの憤激を買うことは、朴さんにとってリスクの大きいことだから、彼女はそれを承知のうえであえて「火中の栗を拾った」ことになる」とその「勇気」を讃えた(15)。

大沼保昭も『和解』の「素晴らしさ」は「歴史認識の問題で少なからぬ日本人が陥っている被害者意識の問題性を冷静に指摘しつつ、日本の植民地支配への怨念から、自らの反日ナショナリズムと道義的優位を自明視してきた韓国民の自省をも促している」ことにあると評価した(16)。久保田るり子(『産経新聞』編集委員)も「日韓の世論ギャップへの問題意識の高い新しいタイプの知識人」と評価し、「日本文学の専門家として韓国の「反日こそが愛国」という自縛にモノを言うという姿勢には敬意を表したい」とした(17)。左右を問わず「反日ナショナリズム」批判を高く評価したことがわかる。

朴裕河の批判する韓国の「ナショナリズム」とは具体的にいかなる考え方をさすのか。『帝国の慰安婦』との関連で重要なのは、その「国民基金」評価と挺対協批判である。一九九五年に日本政府が設置された「女性のためのアジア平和国民基金」(以下、「「国民基金」」と記す)は、民間からの募金で元「慰安婦」被害者への「償い金」を支給し、「慰安婦」問題を「解決」しようとする試みだったが、日本の法的責任を認めたうえでの補償ではなく、戦争犯罪であるとの認定もなかったため大きな反発を呼んだ。挺対協は「国民基金」を批判しほとんどの被害者たちは「償い金」受け取りを拒否した。朴裕河はこうした挺対協の対応を「韓国人の多くのなかに深く根づいている、日本に対する本質主義的な不信」ゆえの態度だったと批判した。戦後日本の「反省」についての無理解と不信が「国民基金」批判の背後にあるという。

『和解』の「反日ナショナリズム」批判が、「戦後日本」への肯定的評価と表裏一体であることはきわめて重要だ。朴は日韓の歴史認識をめぐる葛藤が解消されない原因について次のように指摘する。

問題はたんに日本側にあるだけでなく、それを眺める韓国側の視線にもあると、わたしは考えた。一つには、戦後の日本と現在の日本について、あまりにも知らなさすぎる点にある。いま一つは、解放前の植民地時代における日本のイメージが頭に深く刻みつけられ、あたかもデジャヴュのように、日本と聞くだけで、即座に過去の日本を想起してしまうことにある。（『和解』二二一—二二三頁）

現在の日本を戦前と同一視し「謝罪」しても不信感を消そうとしない韓国の戦後の日本に対する「無知」——この「無知」を改善するため朴裕河は『和解』を執筆したという。戦争責任を自覚し反省する「良心的」知識人や市民らの存在を強調することで、韓国の戦後日本評価を修正しようと試みたのである。

「反日ナショナリズム」批判と「戦後日本」評価という『和解』の主張を、「慰安婦」問題に適用すると、挺対協批判と「国民基金」評価になる。上野千鶴子も前述の「解説」で「国民基金」をめぐる女性運動の分裂をもたらしたものは「オール・オア・ナッシングを求める硬直した「正義」の論理」であるとしたうえで「「国家による公式謝罪と補償」を唯一の解として、国家対国家、民族対民族の対立の構図がつくられたのは、一部は韓国内の女性団体のナショナリズムにも原因がある」(18)と批判した。『和解』と同様の認識を共有していることがわかる。

『帝国の慰安婦』に対する絶賛も、こうした『和解』への評価の延長線上においてなされているといってよいだろう。岩崎稔・長志珠絵は『和解』のもっとも重要な問題提起は日韓の歴史認識の停滞の責任の一端は挺対協にあると明らかにしたことだと指摘したうえで、『帝国の慰安婦』の「挺対協が特別な権威を与えられてしまっていること自体が不健全であるとした問いかけ」を肯定的に評価している(19)。

4　『帝国の慰安婦』批判の方法と課題

『帝国の慰安婦』に対するこうした肯定的な評価は、果たして妥当なものといえるのだろうか。「不動の恒星」

（高橋源一郎）、「複雑な問題に極力公平に向き合おうとした努力」（杉田敦）、「全面的、実証的、理性的、かつ倫理的な分析」（田中明彦）、「歴史的な作品」（鎌田慧）といった絶賛に見合うような著作なのであろうか。挺対協をはじめとする韓国の支援運動に対する朴裕河の批判は適切なものなのだろうか。これらの問題について考えてみなければならない。

結論からいえば、『帝国の慰安婦』に対する筆者の評価は、右の人々とはまったく異なる。朴裕河はこれまでの日本軍「慰安婦」制度や日韓会談、戦争責任や植民地支配責任に関する研究を理解しておらず、『帝国の慰安婦』が描き出した歴史像には、歴史研究の成果に照らしても数多くの致命的な問題があり、史料や証言の解釈にも「恣意的」と評価せざるをえない飛躍がある。それゆえ、これらの問題点を具体的に指摘し、『帝国の慰安婦』の誤りを明らかにする必要がある。

それでは、『帝国の慰安婦』が絶賛に見合わない著作だとするならば、日本の知識人たちはなぜ本書をこれほどまで讃えるのであろうか。本書の内容を読み誤り、間違って高く評価したのであろうか。もちろんそうした側面もあるが、それだけでは説明がつかない。『帝国の慰安婦』が提示する歴史像が、左右を問わず多くの日本の知識人たちの琴線にふれたことは確かである。本書の示す歴史像とは何か、それはなぜ日本の知識人たちを魅了したのか。この問題について考えなければならない。

以下の本論では、これらの課題について順を追って考察していくが、その前提として筆者が『帝国の慰安婦』を検証するために用いた方法を説明しておかねばならない。この本では批判の前提として、著者の主張をできる限り引用して『帝国の慰安婦』の「論旨」を再構成することを心がけた。著者が何を主張しているかをまず明らかにしなければならないからだ。一般書の論旨の理解が大きく分かれるというのは考えてみれば奇妙なことであるが、現実には著者が『帝国の慰安婦』で何を主張したのかは本書をめぐる論争の争点になっているため、この作業が不可欠なのである。

例えば、「抗議声明」の呼びかけ人である元朝日新聞論説主幹・若宮啓文は次のようにいう(20)。


著者は本当にハルモニたちの名誉を毀損したのだろうか。たとえ中に誤解を与える表現があったとしても、一部の記述を感情的に取り上げて、短絡的に問題にするのは、著書の真意を読みそこなっている。総じて見れば、著者は植民地支配下で日本人の一員として兵士を慰める役割を強いられた女性たちの構造的問題を論じており、ハルモニたち個々の名誉を傷つける意図がないのは明らかだ。私はこれを読んで、彼女たちを蔑むどころか、その辛さと悲哀が胸に迫った。そういう読者が多いことをハルモニたちに知ってもらいたい。


告訴した被害者たちは「感情的」「短絡的」であり、「意図」と「真意」を「読みそこなっている」という。『帝国の慰安婦』の内容を被害者たちが正しく理解していないというのだ。この批判に典型的にあらわれているように、『帝国の慰安婦』の擁護者たちはしばしば、批判者たちはこの本を「誤読」している、と批判する。本書への評価がその「論旨」の理解と連動していることがわかる。

しかし、論旨の理解が争点になってしまう原因は、実は読み手の側ではなく、著しく明晰さを欠く『帝国の慰安婦』の叙述そのものにある。本書は一般書であり研究者のみを読者と想定した本ではなく、専門用語や術語、概念が多用されているわけではない。用いられる言葉だけをみれば平易ともいえる。にもかかわらず、本書はその独特の叙述や用語法ゆえに「論旨」を読み取るのが非常に難しいのである。そこには大きく三つの理由がある。

第一の理由は矛盾する叙述が遍在していることである。例えば、「挺身隊に行くと慰安婦にされる」という噂についての次の記述をみよう。

当時すでに挺身隊に行くと慰安婦になるという誤解があったから（中略）場合によっては当時のユン教授もそのようなうわさを聞いていたのかもしれない。また、実際に挺身隊に行ったあと、慰安婦になるケースもあったから、そのうわさが必ずしも嘘だったわけではない。

おそらく、このような混同が生じたのは、実際のケースに基づくものではなく、そのような「うわさ」自体によるのだろう。（中略）植民地特有の恐怖がそのような嘘を誘発した可能性が高いのである。（一三五頁）

この短い記述のなかには、(a) 噂は「誤解」である、(b) 噂は「必ずしも嘘だったわけではない」、(c) 噂は「植民地特有の恐怖」が誘発した「嘘」である、という一見矛盾する三つの主張が並存している。このため内容への賛否以前に、著者の「噂」についての認識を理解することができないのである。他にも、日本軍「慰安婦」に朝鮮人女性が多かったのは「植民地だったことが、（中略）理由だったのではない」（一三七頁）とする一方で、「朝鮮が植民地化したということこそがもっとも大きな原因である」（一三八頁）と記すなど、本書にはこのような矛盾した叙述が無数に存在する。このため論旨を読み取る以前に、読み進めること自体に困難が伴う。

そもそもなぜ矛盾した叙述がこれほどあるのか。おそらく著者の第一言語が日本語ではないことや、思考の背後に入り組んだ論理体系があることが理由ではない。批判を意識してさまざまな弁明的記述を挿入したことがその要因であろう。

本来これらの前後矛盾や不整合は本書の重大な欠陥とみなされてしかるべきである。だがこの問題点が適切に指摘されないため、厄介なことにある局面においては批判を無効化する機能を果たすことになる。AとBという矛盾する叙述が同居するがゆえに、A批判に対しては「Bとも書いている」と反論し、B批判に対しては「Aとも書いている」と反論できるのだ。本書の論旨が争点にならざるをえないのは、こうした欠陥ゆえである。特に日本語版はこの種の弁明的記述が多く、論旨の読み取りづらさが増している。「論旨」を整合的に理解するには、矛盾する叙述のうち、著者の主張の基軸となるものと、弁明のための叙述を選り分けなければならない。

本書は「慰安婦」に関する多様な事実を明らかにしただけだ、という擁護論が目立つのもこうした叙述の欠陥ゆえである。若宮は、朴裕河は「慰安婦の多様な実態を明かし」たのであって、「決して日本の免責を望んでいるからではない」とも指摘するが、注意深く読めばわかるように、朴裕河は本書で個別的事例を紹介するにとどまらず、それを一般化し、「慰安婦」についての新たな「本質」を論じている。「帝国の慰安婦」論は日本軍「慰安婦」制度の「本質」に対する修正を要求しているのである。ただ所々に個別的事例を紹介したにとどまるかのような叙述が挿入されているため、個々の文を抜き出すとそう読むことが可能になってしまうのだ。しかも朴裕河や擁護者たちが本書は「多様性」を主張した本だと弁明し、批判者たちが「多様性」を認めない頑固者であるかのようなレッテルを貼り争点をすりかえるため、この混乱にさらに拍車がかかる。

第二の理由は、重要な概念を独特の意味で用いるにもかかわらず、まったく定義していないことである。例えば朴裕河は被害者たちに日本政府は国民基金で実質的な「補償」をしたと主張する。ここで朴は「補償」を明らかに通常とは異なる使い方しているにもかかわらず、その意味を説明しない。このためまずは全体を通読したうえで著者の「補償」の用例を確認し、これらの用例から意味を類推しなければならない。もちろん一般書であるから学術書のような精緻な定義は必要ないが、日本軍「慰安婦」問題における最も重要な論点に関わる概念について著者が独特の意味で用いる以上、最低限の説明が必要なのは当然であろう。

第三の理由は、これと関連するが、言及の対象が必要以上に抽象化され、具体的に特定されていないことである。本書には固有名はほとんどあらわれず「ある慰安婦」「ある業者」などの抽象化された表現が一貫して用いられる

（例外的に挺対協だけは一貫して固有名詞である）。

特に朴裕河は次のように国家を擬人化するレトリックを多用する。

オランダ女性を集めて「売春収容所」を作った主導者は日本の敗戦後に処罰され、オランダは国民基金を受け入れてもいる。何よりも、挺対協とオランダとの連帯には、オランダがもう一つの「帝国」としてそこにいたこと——つまり元帝国の一員としてインドネシアにいたがために、そういう事態に遭ったという認識がすっぽり抜け落ちている。（二七一頁）

挺対協が連帯する「オランダ」とは誰なのか、国民基金を受け容れた「オランダ」と同じ主体なのか、その「オランダ」の団体が「オランダ」の植民地支配を無視している、という意味なのか、オランダ人女性が日本軍に「慰安婦」にされたのは、オランダがインドネシアを植民地支配していたからだが、挺対協はそれを「オランダ」の支援団体に主張しない、という意味なのか。まったく説明がないため、読み手は検証のしようがない。そのうえ一方は「韓国」と「オランダ」と国家を擬人化しているのに、他方は「否定者」「挺対協」になっており抽象化の水準が合っていない。同じく読者は自らの想像力あるいは予断に従って、ここでいう「韓国」や「オランダ」の内容を補完しなければならない。徐京植はかつて『和解』における同様に乱暴なレトリックを批判し「対象を厳密に特定し、具体的な論拠を挙げて批判すべきである」と指摘したが、本書でもまったく改善されていない(21)。

朴裕河と直接的な交友関係のある者に本書を好意的に評価する者が少なくないのはこうした事情によるものと考えられる。矛盾や不明瞭な叙述に直面しても、直接の交友関係から得た著者の「真意」を推し量り、補うからだ。こうした読者からすれば、『帝国の慰安婦』へのさまざまな批判は、「真意」を理解していないように見えてしまうのだろう。一方、著者の「真意」を知る機会のない一般的な読者がわざわざ論旨の再構成という面倒な作業を行うことはまれであろうから、読者はそれぞれ自らの解釈——多くの場合、特定の国家に対する予断——に従い「理解」したつもりになるだろう。本書のある種の「読みやすさ」の理由もここにある。

『帝国の慰安婦』が誤読を誘発せざるをえないのはこうした本書の特徴ゆえである。このため『帝国の慰安婦』批判を行ううえでも、個々のセンテンスを取り上げるだけでは不十分である。『帝国の慰安婦』全体のなかで「動員」「補償」「奴隷」といった重要な概念がいかなる意味で用いられているかを各用例をピックアップしたうえで確認し、そのうえで著者の主張を日本軍「慰安婦」問題に関する論争のなかに再配置しなければならない。さらに、出典の史料や研究を確認したうえで、著者による解釈の特徴を明らかにする必要がある。その主張の是非以前に、読み手に法外な負担を強いる無責任な書物が高く評価されている事実に驚かざるをえないが、『帝国の慰安婦』批判のためには、どうしてもこうした作業を避けては通れない。

それほどの労力を割いてまで、なぜ『帝国の慰安婦』批判が必要なのか。こう考える向きもあるだろうが、『帝国の慰安婦』の問題はもはや一冊の書物の評価にとどまらない。本書はさまざまな問題を抱えているにもかかわらず、その政治性ゆえに、今後も日本軍「慰安婦」問題の「解決」をめぐる言説に影響を与え続けるであろう。それゆえに歴史研究の立場から適切な批判を示しておかねばならない。朴裕河の「慰安婦」理解が韓国の「良心的知識人」というイメージとともに流通することは、不正確な歴史認識が拡大するのみならず、戦争責任・植民地支配責任に関する認識に多大な混乱をもたらすと筆者は考える。批判的検証はむしろ喫緊の課題といえる。

さらには、『帝国の慰安婦』事態を検証することは現代日本の「慰安婦」問題をめぐる思想状況の問題点をあぶりだすことにもつながる。『帝国の慰安婦』は、一九九〇年代以降の日本軍「慰安婦」問題をめぐる責任否定論者たちのさまざまな言説を基本的なレベルで継承しているが、本書の特徴は、これらの右派の主張とさまざまな「リベラル」の言説を結合させたところにある。朴裕河が展開した論理は、小林よしのりや『産経新聞』に代表される明確な歴史修正主義のみならず、日本軍「慰安婦」問題が正面から問われることになった一九九〇年代以来、日本の知識人たちが生み出してきた言説に少なからず依拠している。「保守」と「リベラル」の対立構図からはわからない、両者が共有する心性が『帝国の慰安婦』への評価からは見えてくる。『帝国の慰安婦』の批判的読解を通じて、この共棲の領域を明らかにすることが、あらゆるメディアが日韓外相「合意」に賛同し、韓国政府に被害者と挺対協を説得して少女像を撤去せよと求めた背景を解き明かす手がかりにもなろう。

以上の前提をふまえたうえで、本論では朴裕河『帝国の慰安婦』の主張とそれを支持・賞賛する日本の知識人とメディアの擁護論の問題点を具体的に検討していきたい。すでに『和解』に対しては、その日本軍「慰安婦」研究や日本・韓国の運動に対する無知・無理解や被害者不在であることなど、金富子や西野瑠美子の指摘をはじめ数々の批判がある(22)。筆者もこれまで『帝国の慰安婦』の問題点を日本と韓国のいくつかの媒体で発表し、著者と論争を行ってきた(23)。また、同書の誤りについては日本軍「慰安婦」問題webサイト制作委員会「Fight for Justice」や、金富子、梁澄子、林博史、能川元一、前田朗らの批判がすでにある(24)。これらの論争や批判をふまえ、『帝国の慰安婦』がいかに被害者不在の「和解」論を展開しているのかについて全面的に検証しよう。

2. 日本軍「慰安婦」制度と日本の責任

1　『帝国の慰安婦』は日本の責任を問うたか?

この本で（中略）〈業者〉の問題を語ったのも、まずは国家政策を口実に協力し、利得を得る経済主体の問題としてみたかったためですが、実際はそうした〈協力と抵抗〉の問題を語りたかったためでもあります。（中略）しかし、こうしたあらゆる指摘は研究者と支援団体にとって不都合なものです。彼らは他の状況をみることは、ただ〈日本を免罪〉することだと考えます。そして〈日本〉という政治共同体だけを罪と責任の対象とみなします。私はこの本で日本に責任があることを語りました。

朴裕河は『帝国の慰安婦』に込めた自らの意図についてこう語った(1)。決して日本を免罪しようとしたわけではない。だが「研究者と支援団体にとって不都合な」人身売買業者（特に朝鮮人業者）の問題にふれたため批判にさらされ、「日本を免罪」したと誤解されたという。杉田敦も本書が「責任を広くとらえすぎて、責任追及を困難にするとの批判もあろう」と、『帝国の慰安婦』の日本軍「慰安婦」制度の責任追及が、業者にまで及んでいるがゆえに批判される可能性があるとの認識を示している。朴や杉田の理解によれば、「研究者と支援団体」は朝鮮人業者の問題を語ること自体をタブー視し、これを日本を免罪するものとみなしていることになる。つまり、問題は本書にあるのではなく、批判する者たちの側にあるというのだ。

果たしてこの主張は正しいといえるだろうか。本章では『帝国の慰安婦』が軍「慰安婦」制度における日本の責任をいかに論じたかを検討しよう。

2 『帝国の慰安婦』の歴史修正主義「批判」の特徴

日本軍の責任論を検討するに先立ち指摘しておかねばならないのは、本書の歴史修正主義理解の狭さである。『帝国の慰安婦』の第一部第一章「強制連行か、国民動員か」は次の一節から始まる。

「慰安婦」とは一体誰のことだろうか。韓国にとって慰安婦とはまずは〈日本軍に強制連行された朝鮮人の無垢な少女たち〉である。しかし慰安婦に対する謝罪と補償をめぐる問題――いわゆる「慰安婦問題」をなかったものとする否定者たちは、〈慰安婦とは自分から軍について歩いた、ただの売春婦〉と考えている。そしてこの二十余年間、日韓の人々はその両方の記憶をめぐって激しく対立してきた。(一三頁)

朴裕河が提示する二項対立は奇妙である。対立の一方が「韓国」であるのに対し、「売春婦」と考える側は「日本」ではなく「否定者」とされる。「二十余年間、日韓の人々」が「激しく対立してきた」というのならば、「否定者」を除いた「日本」もまた対立の内部にいるはずである。にもかかわらず二項対立はその存在を曖昧なものにする。この奇妙さに気づくかどうかが、本書の評価の分岐点となる。

さらに、この二項対立からは、朴裕河が「慰安婦」問題における日本の責任を否定する主張を、きわめて狭くとらえていることがわかる。朴は「韓国」の〈日本軍に強制連行された朝鮮人の無垢な少女たち〉対「否定者」の〈慰安婦とは自分から軍について歩いた、ただの売春婦〉という二項対立の構図を描く。この整理によれば日本の「否定者」の主張は、「慰安婦=自発的な売春婦」論であるということになる。

だが今日の責任否定論は「慰安婦=自発的な売春婦」論のみを主張しているわけではない。日本政府の見解の変遷をみてもそれは明らかである。確かに日本政府が当初こだわったのは「軍の関与」の有無であった。一九九〇年の時点で「従軍慰安婦なるものにつきまして(中略)民間の業者がそうした方々を軍とともに連れて歩いているとか、そういうふうな状況」(清水傳雄労働省職業安定局長の一九九〇年六月六日の参議院予算委員会での答弁)と述べていた。「自分から軍について歩いた、ただの売春婦」という認識であったと考えてもよいだろう。

しかし日本政府は一九九二年以降、見解の修正を余儀なくされる。一九九二年一月に吉見義明が軍の関与を証明する史料を発見、公表したことにより、政府は軍の関与を認めざるを得なくなったからだ。一九九三年八月四日には河野洋平官房長官が慰安婦関係調査の結果発表に際し談話を発表した(「慰安婦関係調査結果発表に関する河野内閣官房長官談話」。以下「河野談話」と記す。【資料6参照】)。河野談話は、①日本軍が慰安所の設置、管理、慰安婦の移送に直接・間接に関与した、②軍の要請を受けた業者が慰安婦の募集にあたった、③業者は、募集にあたり甘言、強圧など本人の意思に反して集めた、④官憲等は本人の意思に反する募集に直接加担したことを認めており、「自発的な売春婦」との認識は日本政府といえども放棄せざるを得なくなった。

日本軍の責任否定論も研究の進展と政府見解の修正への対応を迫られる。単なる「軍の関与」を否定する「自発的売春婦」論だけでは主張を維持できないからである。このため「軍の関与」から「公権力による強制連行の有無」へと力点を移し、元「慰安婦」被害者たちの証言のアラ探しや吉田清治証言への執拗な批判を展開したのである。

永井和はこうした今日の責任否定論を「日本軍無実論」と呼び、その主張を、①慰安所＝戦地公娼施設論、②軍の「よい関与」論、③性奴隷否定論、④「強制連行はなかった」論、⑤国や軍の責任否定論、⑥「悪いのは日本だけではない」論の六つに分類したうえで、これらを資料に基づき批判した(2)。『帝国の慰安婦』の主張との関連で特に重要なのは①の慰安所＝戦地公娼施設論である。永井は代表的な論者である秦郁彦の主張を次のように要約する(3)。

慰安所は軍の要請によってつくられたとしても、基本的には民間の売春施設である。文科省の建物内にある民間経営の職員食堂のように、軍が必要とするサービスを提供したにすぎない。当時は公娼制度が存在しており、売春は公認され合法であった。慰安所は戦地・占領地に拡張された公娼制度であり、違法なものではない。あくまで軍は公娼施設の利用者にすぎず、その「関与」は、業者が違法な行為を行わないよう取り締まるなどの公娼制度の維持のために必要な措置に限られる（②「よい関与」論）。また、公娼施設に就業した女性たちは自発的かつ合法的な契約によるものであるから「性奴隷」とはいえず、犯罪があったとしてもそれは業者によるものであり（③性奴隷否定論）、組織的に「強制連行」を命令した公文書もない（④「強制連行はなかった」論）。このため、犯罪の責任があるとしたらあくまで民間業者にとどまり、日本軍の責任は問えない。これが「日本軍無実論」の主張である。

ここからもわかるように、慰安所＝戦地公娼施設論は一定の「軍の関与」は認めており、単純な「自発的な売春婦」論ではないが、あくまで軍を補助的・従的立場と理解してその責任を否定するのである。

このため秦郁彦は、河野談話の「慰安婦の募集については、軍の要請を受けた業者が主としてこれに当たったが、その場合も甘言、強圧など、官憲等が直接これに加担したこともあった」との表現を次のように改めるよう主張する(4)。「軍と業者は一方向ではなく、商取引の基本に則し、『魚心に水心』の関係としてとらえたい」ため、「軍の要請を受けた」という記述を削除する。「強圧」という文言も、「前借金を親に払った業者が、嫌がる娘に脅し文句を使った事態」を表現する「威迫」に修正し、「直接これに加担した」も、「直接間接に関与した」か、「取り締まる努力を怠った」に修正することを提案する。秦の提案する修正は「軍の関与」を認めるためではなく、「オレオレ詐欺や金属泥棒の横行に、警察の責任を問うのと同列」の責任に、日本軍の責任を極小化するためのものである(5)。

このように今日の「日本軍無実論」は「自発的な売春婦」であるというものだけではない。

だが朴裕河の描く二項対立はこうした現在の「日本軍無実論」を、「否定者」から除外してしまう。それどころか、これからみていくように『帝国の慰安婦』の主張は、「日本軍無実論」の六つの主張と正確に一致している。

秦が『帝国の慰安婦』を「意外にも筆者と似た理解を示したのは、韓国世宗大学校の朴裕河教授である。しかし強制連行や性奴隷説を否定し、「韓国軍、在韓米軍の慰安婦の存在を無視するのは偽善」と指摘した彼女は、慰安婦の支援組織から「親日的」だとして提訴された」と高く評価し「秦＝朴」と表現したのは、決して秦の誤読によるものではない(6)。朴裕河と秦郁彦の「慰安婦」制度理解が同じだからである。

しかし、朴裕河は本書の冒頭で「否定者」から今日の「日本軍無実論」を除外し、「自発的な売春婦」論にこれを限定するため、あたかも朴が歴史修正主義「批判」をしているように見えてしまう。

二項対立の恣意性は、朴裕河が「韓国」の主張として表象する見解にも指摘できる。〈日本軍に強制連行された朝鮮人の無垢な少女たち〉というイメージをあげて、朴裕河は「韓国」が「強制連行」や「無垢な少女」にこだわっているかのように記すが、「慰安婦」問題をめぐる論争の歴史をふりかえれば、むしろ強制性を「奴隷狩り」のような暴力的・直接的拉致に限定しようとしたのは日本の否定論者の側であったことがわかる。安倍晋三首相（第一次内閣）が二〇〇六年一〇月六日、「家に乗り込んでいって強引に連れていった」ことを「狭義の強制性」とし、「そうではなくて、これは自分としては行きたくないけれどもそういう環境の中にあった、結果としてそういうことになったこと」を「広義の強制性」として、前者を示す資料がないことをもって軍の関与を否定しようとした（衆議院予算委員会での答弁）のは、こうして否定論者の争点の設定をふまえたものである。

もちろん日本軍「慰安婦」制度全体をながめれば、軍による直接的・暴力的な強制連行も存在したことが明らかになっており、安倍の見解はこうした歴史的事実を無視するものである(7)。政治的な要請から作り出された「強制性」をめぐる争点の設定それ自体の妥当性こそが問題なのである。だが朴裕河の描く二項対立は、「日本軍無実論」の事実認識のみならず、否定論者の争点の設定を受け入れることを意味する。

朴裕河の「慰安婦」問題に関する争点の理解の不適切さは、すでに『和解』の時点で指摘されていた。金富子は『和解』について「日本の右派は公文書中心主義の立場に立って被害者証言の信頼性を否定し、日本の責任を否定する詐術を使っているが、問題は朴裕河もこの同じ土俵上で議論を展開している」と指摘した(8)。「同じ土俵上で議論を展開」とは、前述した「日本軍無実論」の争点の設定を受け入れることの問題を意味する。具体的には金富子は朴が、(1)連行の強制性と、(2)慰安所設置の目的を不正確に理解していると批判した。しかし朴裕河はこれを金が「「歴史研究者」で「言葉」の読解になれていない」ための「誤読」とすりかえ、批判に応えなかった(9)。『帝国の慰安婦』でも『和解』へのこうした批判はまったく言及されておらず、朴裕河の歴史修正主義「批判」

は後述するように否定論者と「同じ土俵」でなされることになる。本書の第3部第1章「否定者を支える植民地認識」は、歴史修正主義者への「批判」を試みた箇所だが、ここでの朴裕河の批判の論理は現在の「日本軍無実論」と事実認識を共有していることに注意すべきだ。朴は、①女性たちは自発的に金儲けに行った娼婦であり、強制連行などなかった、②軍の関与はなかった、③慰安婦は当時は合法だった、④戦場の慰安婦たちは「性奴隷」には見えなかったといった主張に対し「反論」しているかのように見せる。

だが朴の反論は、①自発的な娼婦であったが、それを選択せざるをえない状況を日本が作ったことが問題である、②軍の関与はあったが「消費者側による商品品質の〈管理〉に当たる」（二二四頁）ような主体的な関与だった、③合法だったがそれは「男性のための法」であった、④「性奴隷」に見えなかったのは、女性たちが「愛国娘」としての笑みを浮かべていたからだ、といったように、基本的に否定論の主張をすべて認めて事実関係を争わず、その「見方」のレベルでの批判にとどまる。

本書を正確に読み解くためには、こうした朴裕河の歴史修正主義「批判」の特徴を理解する必要がある。冒頭の二項対立をまずは疑わなければならないと指摘したのはそのためである。

3 『帝国の慰安婦』の日本軍責任否定の「論理」

1 「需要・黙認」責任論・業者主犯説

『帝国の慰安婦』の日本軍の責任論の検討に移ろう。朴裕河は日本軍には「慰安所」制度を「発想」して「需要」を作り出し、人身売買を「黙認」した責任があるという。朴裕河は次のように指摘する。

日本軍は、長期間にわたって兵士たちを「慰安」するという名目で「慰安婦」という存在を発想し、必要とした。そしてそのような需要の増加こそが、だましや誘拐まで横行させた理由でもあるだろう。他国に軍隊を駐屯させ、長い期間戦争をすることで巨大な需要を作り出したという点で、日本は、この問題に責任がある。軍が募集のやり方を規制したことをもって、慰安婦問題に対する軍の関与を否定する意見があるが、不法な募集行為が横行しているということを知っていながら、慰安婦募集自体を中止しなかったことが問題だった。（中略）慰安婦の供給が追いつかないと分かっていたら、募集自体を中断すべきだったろう。数百万の軍人の性欲を満足させられる数の「軍専用慰安婦」を発想したこと自体に、軍の問題はあった。慰安婦問題での日本軍の責任は、強制連行があったか否か以前に、そのような〈黙認〉にある。その意味では、慰安婦問題でもっとも責任が重いのは「軍」以前に、戦争を始めた「国家」である。（三二頁）

あくまで「存在を発想し」、「需要」を作り出し、誘拐などを「黙認」した責任があるという。この箇所は次の二通りに解釈する余地がある。

(a) 日本軍には制度を「発想」し、「需要」を作り出した責任も**ある**

(b) 日本軍には制度を「発想」し、「需要」を作り出した責任**だけ**がある

(a)であれば、「発想」や「需要」、あるいは「黙認」以外にも何らかの日本軍の責任を認めていることになり、(b)であればこれらの責任に限定していることになる。(a)の解釈に朴が立つならば、杉田敦のいうように「責任を広くとらえすぎて、責任追及を困難にするとの批判もあろう」との指摘は妥当なものと考えられるが、実際にはどうだ

ろうか。

朴裕河は本書において明らかに(b)の解釈を取っている。すなわち、日本軍に問えるのは制度を「発想」し「需要」を作り出し業者の犯罪を「黙認」した責任だけだ、と主張する。「日本国には、需要を作った責任（時に黙認した責任）しか問えなくなる。そういう意味でも、法的責任を前提とする賠償要求は無理と言うほかない」（一九一頁）とも主張していることからもそれは明らかだ。つまり、朴裕河は「発想」「需要」「黙認」に責任を限定していると考えるべきであろう。前述した秦郁彦の主張の焼き直しといえよう。

この点を確認したうえで、次に朴裕河の責任論の具体的な検証に移ろう。「需要を作った責任」とは何か。「需要」とは、何らかの商品に対する人々の欲求を意味する。つまり「需要を作った責任」とは、性欲の解消という兵士の欲求を作った責任、ということになろう。もし、日本軍に責任を問えるとしたら、兵士の欲求を作り出し、これに応えるために「慰安所」という制度を「発想」し、業者が誘拐などの方法で女性を連れてくるのを「黙認」した責任に限られる。『帝国の慰安婦』において、朴裕河は日本軍の責任をこう理解していることがわかる。

だがこうした「需要」責任論は、慰安所設置の責任を軍指導部から兵士個々人の「性欲」へと転嫁するものにほかならない。実際に、慰安所設置は兵士の強姦防止に何ら役立たなかったと指摘されているが、この背景には、軍指導部が慰安所を設置して性欲自然主義に基づく性暴力を公認したことと関係があると考えるべきではないか。「需要」創出の責任という論法は、欲求を抱く兵士の責任を前面化することで、軍の責任を否定する言説というほかない。

また、『帝国の慰安婦』のこうした責任論は、女性たちを連れてきた責任は業者にある、という業者主犯説と表裏一体の関係にある。朴裕河は次のようにいう。

「慰安婦」を必要としたのは間違いなく日本という国家だった。しかし、そのような需要に応えて、女たちを誘拐や甘言などの手段までをも使って「連れていった」のはほとんどの場合、中間業者だった。「強制連行」した主体が日本軍だったとする証言も少数ながらあるが、それは軍属扱いをされた業者が制服を着て現れ、軍人と勘違いされた可能性が高い。たとえ軍人が「強制連行」したケースがあったとしても、戦場でない朝鮮半島では、それはむしろ逸脱した例外的なケースとみなすべきだ。

そういう意味では、慰安婦たちを連れていった(「強制連行」との言葉が、公権力による物理的力の行使を意味する限り、少なくとも朝鮮人慰安婦問題においては、軍の方針としては成立しない)ことの「法的」責任は、直接には業者たちに問われるべきである。それも、あきらかな「だまし」や誘拐の場合に限る。需要を生み出した日本という国家の行為は、批判はできても「法的責任」を問うのは難しいことになるのである。(四六頁)

この箇所からは、朴裕河が法的責任(ここでは刑事責任を意味する)を認めるのは、女性を連れてきた業者の行為それ自体ではなく、「だまし」「誘拐」による募集に限られることがわかる。「必要としたのは」「日本という国家だった」という指摘からは、一見、朴裕河が日本国家の責任を問うかのようにみえるが、この箇所を最後まで読めばわかるように、結局のところ日本国家の法的責任は否定されるのである。

ちなみに、右の箇所には「需要」「黙認」責任論と矛盾する事実が記されている。特に根拠を示すこともなく、強制連行されたという証言が「逸脱」「例外」と退けられているが、一方で朴は「軍属扱いをされた業者」が女性たちを連れていったことを認めている。軍属とは日本の陸海軍に勤務した軍人以外の構成員の総称であるから、当然ながら「軍属扱いをされた業者」による徴集は、軍による直接的な連行への関与を示す証拠となる。右のような業者＝軍属との規定が自説と矛盾することに気づいていないようである。

いずれにしても、朴裕河のいう「発想」「需要」「黙認」の責任が日本の法的責任を意味するものではなく、それどころか、業者の責任についても限定的にしか認めない主張であることがここからは理解できよう。この理解に従えば、「慰安婦」とは業者たちが兵士の「需要」に応えるために連れてきた女性たちである、ということになる。

2 「需要・黙認」責任論の誤り

だが、こうした主張は日本軍の果たした役割を正しく理解したものとはいいがたい。「発想」とは、ある考えを思いつくことを意味するが、日本軍は「慰安所」という制度を思いついただけではなく、実際にその「発想」を実行に移したのである。

「慰安婦」制度における日本軍の役割は、公式の指揮命令系統を通じて軍構成員専用の慰安所設置を指示し、女性の徴募を命じたことにあった(10)。「慰安所」の設置を派遣軍は命令(指示)し、戦地・占領地の部隊はこの命令をうけて現地で女性を集めるか、業者を選定して内地・朝鮮・台湾に派遣して女性たちを集めさせた。業者や女性の渡航や戦地・占領地での移動についても軍が便宜を図り、慰安所とする建物も軍が接収して業者に利用させ、利用規則や利用料金も軍が決定し、「慰安婦」の性病検査も軍医が行った。

また、日本軍は慰安所を「兵站付属施設」として法的に位置付け、その運営・管理に関わった(11)。徴集の過程についても、関東軍の依頼により、朝鮮総督府から各道・各郡・各面に女性の徴集が命じられたことを示唆する史料も存在し(12)、植民地支配下での行政的な強制力を伴った徴集の可能性も否定できないのである。本書はこれらの先行研究を無視し、日本軍の果たした役割を過小評価しているといわざるを得ない。日本軍の役割は決して兵士たちの「需要」を作り出したことにはとどまらないのである。

だからこそ、吉見義明は「軍「慰安婦」制度の創設・維持・運用・管理の主体は軍であり、業者が使われる場合があっても、それは副次的な役割であり、もし業者が国外移送目的略取罪・同誘拐罪・人身売買罪・国外移送罪などの犯罪を起こしたら、それを防がなかった軍に重大な責任があるということになる」と指摘するのである(13)。朴裕河の「需要・黙認」責任論は、こうした研究の成果をまったくふまえていない謬論である。

とりわけ前述の「慰安婦の供給が追いつかないと分かっていたら、募集自体を中断すべきだったろう」(三二頁)という記述は、「供給が追いつ」く程度ならば軍慰安所制度に問題はないかのようにも読み取れる。あくまで「業者」の逸脱行為のみを問題視する認識の限界を示すものといえるだろう。

朴裕河はこれらの批判について「私は慰安婦問題の「本質は公式的な指揮命令系統を通して慰安所設置を指示」したという吉見の主張を大体のところ支持するが、女性の「徴集を命令したものであった」という規定は物理的な強制連行を想像させるものであり、業者の自律性を無視するものである以上、もう少し繊細な規定が必要だと考える」と反論する(14)。

だが、吉見の指摘を支持するならば、日本軍の責任は制度の「発想」や違法な人身売買の「黙認」に留まるという主張は維持できないはずだ。軍が女性の徴集を命じなければ、人身売買も起きようはずがなく、その責任を軍もまた負うべきであることは当然であろう。にもかかわらず朴は、徴集の命令は「物理的な強制連行を想像させる」から「繊細な規定」が必要であるとして、日本軍の関与の事実に関する議論をイメージの問題にすりかえる。

そもそも徴集を命じた事実の指摘が「業者の自律性を無視するもの」という認識自体が、吉見説への無理解に基づくものである。「業者の自律性」が軍の指示とは関係なく、業者が自ら女性を集め、軍に出向いて商売をした、ということだとすれば吉見説を「支持」しようがないからである。

朴裕河は吉見の研究にふれながら、「軍が慰安婦を必要とし、そして募集と移動に関与したことだけはもはや否定できない」と曖昧な位置づけに留まり、続けて「だからといって、そのことがそのまま、拉致に近い形になることを軍が承知して慰安婦の募集を指示したことになるわけではない」(三一頁)と奇妙な留保を行う。軍が「慰安婦の募集を指示した」ことの責任を認めないにもかかわらず、「拉致に近い形になること」を「承知」していたかに論点をすりかえてしまう。

永井の「兵站付属施設」との主張についても「支持するが、既存の遊廓を使用した場合も多かった点が補完されねばならない」と反論するが(15)、ここにも同様の無理解がある。本書の「需要・黙認」責任論は、日本軍の慰安所への関わりを、人身売買が横行する下地を作ったことに留めるものである。だが永井の研究はまさにこうした「慰安所」認識、すなわち、軍の要請によって作られはしたが基本的には民間の売春施設であるという「戦地公娼施設論」(秦郁彦説)への反論を試み、日本軍が将兵のための施設を後方施設として設置した事実を明らかにしたものである(16)。朴の「需要・黙認」責任論は、実際には日本軍による「慰安所」設置要請の事実自体を曖昧にするため、秦説よりも日本軍の関与の度合いを弱く見積もるものであり、永井説との両立はありえない。

3 軍の「よい関与」論

朴裕河は一方で、「黙認」責任という自説すら覆す主張を行っている。「軍の関与」に関する次の指摘をみよう。

> 軍が慰安婦募集過程でだましなどの違法な行為を取り締まろうとしたのは、軍が無関係であることを示すのではなく、いわば消費者側による商品品質の〈管理〉に当たる。消費者側が、密輸品ではなく、公式の輸入ルートを経由した商品を使うようにしたとも言えるだろう。(中略)
> ……ある元軍医は、「私は検査官という武器=権力を持って」いたので、慰安婦に中絶させることができたとも話している(中略)。

……このような権力の存在こそが、軍の〈管理〉事実や主体的な関与を示すものであろう。つまり、たとえ軍が募集に直接関わっていないとしても、そのことが即、軍の関与がなかったことになるわけではないのである。不法で強引な募集を「取り締まった」ことこそが、この問題に対する軍の認知と権力と主体性を示す。

つまり、だましであれ拉致であれ、国から遠く離れた地域に持続的な需要を作り、業者たちが、ともかくも強制的な手段を使っても女性たちを連れていきさえすれば、商売になると考えるようなシステムを維持したこと自体が問題なのである。（二二四―二二五頁）

人間を「商品」であるかのように記述する感性には当惑せざるをえないが、ひとまずそれは措こう。この箇所で朴は歴史修正主義を「批判」するかのように書いている。だが前述の通り、ここには修正主義の主張をきわめて狭くとらえるトリックがある。朴のいう「否定者」は、日本軍の「関与」を一切否定する主張に限定されるため、軍の「よい関与」を主張することで責任を否定しようとする言説が取り扱われないのである。そして、それは朴裕河が右にあるように軍の「よい関与」論を支持しているからである。

日本軍の役割は業者の「不法で強引な募集を「取り締まった」こと」にあるという理解は、朴がそれでも認めていた業者の不法行為を「黙認」した責任、という主張すらも覆す。「黙認」とは、文字通り黙って認めることを意味する。当然ながら、日本軍が業者の違法行為を取り締まったのならば、これを「黙認」したとの主張は成り立たなくなる。業者が軍の目を盗んで違法行為を行なったとすれば、「黙認」とはいえないからだ。朴裕河が「よい関与」論を採用した結果、「黙認」責任すら否定されてしまうのである(17)。

「発想」の責任についても次のようにこれを曖昧にする記述がある。

……兵士たちにとって、駐屯地と戦場での生活とは、それぞれ地元で送っていたいつもの「日常」が失われた生活である。戦争とはそのような非日常の世界であって、長く続く〈非日常〉の生活に耐えるためには日常的欲望を充足させる必要があった。スキンシップを伴う性的欲望がそのような日常であるのは言うまでもない。同じ性欲の処理でも、戦場での強姦はむしろ日常を逸脱する行為と言える。「強姦を防ぐため」に慰安所を作るのは、兵士の日常をも管理すべき軍としては、むしろ自然な発想だったのだろう。言うならば、日常と女性から隔離されて男性だけで生活するようになる軍隊システムや戦争自体が、すでに慰安所を必要としている。「慰安婦」とは皮肉にも、そのような構造的問題を露にする名称でもある。（二二三―二二四頁）

「慰安所」制度の構想を軍にとっては「自然な発想だったのだろう」としたうえで、「軍隊システムや戦争」があるところでは、どこでも「慰安所」が「必要」となるかのように一般化して「悪いのは日本だけではない」論に限りなく接近するため、「発想」についてすら日本軍の責任が解除されかねないのである。

本書の責任論の問題点を整理しよう。まず、本書は日本軍の「発想」「需要」「黙認」という限定した責任のみ認めるが、これが軍「慰安婦」制度の実態に見合ったものではなく、むしろ軍の責任を個々の兵士や業者へと転嫁する責任解除の論理である。しかも、本書は軍の「よい関与」論を採用したがゆえに、「黙認」の責任すら結果的に否定することになり、「発想」についても右にみたように「自然」かつ「戦争」一般の問題へと解消されるため、ただでさえ狭く限定された「責任」が、さらに稀釈化されてしまうのである。本書が「〈日本を免罪〉する」と批判されるのは、決して根拠のないことではないのである。

4　「国民動員」論と「自発的な売春婦」論の共存

本書には一見すると、日本政府あるいは軍の命令により「慰安婦」たちが徴集された、すなわち「慰安婦」の連行に日本軍の直接的な責任があると主張しているように読める箇所がある。例えば、次のような例である。

> 国家─大日本帝国が軍人のために動員した慰安婦の最も重要な役割がここに示されている。（七七頁）
>
> ……軍隊化された慰安婦の姿が、戦争への国民総動員のもうひとつの姿である以上、業者もまた、その構造の下に動いたことも確かだからである。（一一一頁）
>
> ……本来なら巻き込まれずに済んだ他民族女性──朝鮮人慰安婦たちが〈自発と他意による動員〉をされ、日本軍の士気を高める役割をさせられ、苦痛の日々を送ったことに対して、日本国家はどのような言葉ででも応えるべきではないだろうか。（二五二頁）

これらの記述から、朝鮮人「慰安婦」が公権力により徴集されたと朴が理解しているように読者は受け取るだろう。だがそれは誤解である。本書を読み解く際には朴裕河が「動員」を特殊な意味で用いていることを押さえておかねばならない。例えば朴裕河は「からゆきさん」についても「動員され」たと表現しており（三九頁）、「動員」の意味を広く解釈していることは明らかである。

『帝国の慰安婦』第1部第1章の結論は、朝鮮人「慰安婦」の募集において「強制連行」は例外的であり、それは「国民動員」とみなすべきであるというものである。ここでの「動員」「国民総動員」は公権力による「慰安婦」

の徴集を指すわけではない。むしろ朴は公権力を通じた連行を例外的なものと斥ける。そのうえでアジア・太平洋戦争期の「三〇〇万を超える膨大な人数の軍隊がアジア全域に留まりながら戦争を行ったために、需要が爆発的に増えた状況に対処すべく動員されたのが「慰安婦」である。それは緩やかな〈国民動員〉と言えるだろう」（四五頁）とする。

問題はこの「緩やかな〈国民動員〉」なる概念である。本書における「動員」の意味を朴はまったく説明していないため、本書から直接探ることは困難である。朴のいう「緩やかな〈国民動員〉」とは何を意味するのだろうか。この点で重要なのは、否定論者の「自発的売春婦」説に対する本書の立場である。

「慰安婦」問題に関する論争でしばしば議論になる一九四四年の『毎日新報』『京城日報』の慰安婦募集広告について、朴裕河は「慰安婦という存在が、公然と募集してもいいような〈公的〉存在だったことを示す」（三二頁）ものであり「新聞で公募できたということは、「慰安所」という場所が必ずしも現在のようにはイメージされてはいなかったことを示す」（三三頁）と解釈する。

この募集広告について、秦郁彦は募集広告に応じた例が「意外に多かった可能性がある」とし(18)、「本人の意思に反して」連れていかれたとする主張への反証として用いた。これに対し吉見義明は、そもそもこれは人身売買業者に向けた広告であった可能性が高いと批判した(19)。金富子も被害者たちの証言の分析から、宗主国日本と異なり、義務教育制ではなかった植民地朝鮮では「慰安婦」にさせられた女性たちのほとんどは厳しい経済状況にあり、学校に就学できず文字の読み書きもできなかったことから、そもそも同紙の普及率から考えても日本語で書かれた朝鮮総督府の御用新聞を自らみて募集することはありえないと指摘した(20)。

募集広告の解釈について、朴が事実上秦説を採用していることは次の記述からわかる。

しかし、たとえ〈自発的〉に行ったように見えても、それは表面的な自発性でしかない。彼女たちをして「醜業」と呼ばれる仕事を選択させたのは、彼女たちの意志とは無関係な社会構造だった。彼女たちはただ、貧しかったり、植民地に生まれたり、家父長制の強い社会に生まれたがために、自立可能な別の仕事ができるだけの教育（文化資本）を受ける機会を得られなかった。（二二九―二三〇頁）

「醜業に、彼女たちが自発的に向かったのなら、何がそうさせたのかを考えるべきだ」（二三〇頁）と、「醜業」なる概念を無批判に使用し、それを「選択」した事実を自明の前提として話を進める。この記述には、前述した朴の責任否定論批判の独特のレトリックがよくあらわれている。朴は否定論者の主張を歴史的事実の検証を通じて批判するのではなく、否定論者（秦）の主張、つまり「自発的」な「醜業」の「選択」を事実だとしたうえで、その評価を転換させようとするのである。業者による詐欺を重視していたはずにもかかわらず、たやすく「自発的」だった事実を認めてしまう。こうした否定論者の土俵に乗った「反論」は、本書の否定論批判の特徴である。

ここからは朴が「動員」なる概念を、「自発的」に売春を選択せざるをえない状況に置かれること、という意味で用いていることは明らかである。「国民動員」であると同時に「自発的」であったと矛盾なく主張できるのはこのためである。

5 「性奴隷」説批判の問題点

本書は日本軍「慰安婦」制度が軍による「性奴隷制」であることを認めないが、その際の「性奴隷」説批判も、「動員」同様に特異な用語法で行われる。朴はまず、「慰安婦の身体の〈主人〉が自分自身ではなかったという意味で、ほとんどの慰安婦は奴隷である」ことを承認したうえで、だがその「物理的な〈主人〉は、軍隊ではなく業者だった」(一四二頁)という。「彼女たちの「自由と権利」を奪った直接的な主体」は業者だったからだ(一四三頁)と、業者主犯説に基づき軍の「性奴隷」ではないと主張する。

そのうえで次のように「国家」の奴隷であったことを事実上否定する。

もっとも、そのような構図を作ったのは慰安婦を必要とした国家なのだから、日本こそが、奴隷の本当の「主人」と言えないわけではない。しかしそれは、「植民地とは奴隷状態のこと」あるいは「女性は家父長制的な家庭の奴隷だ」というような、大きな枠組みの中でのことであって、構造的権力と現実的権力の区別は必要だ。

朝鮮人慰安婦は、植民地の国民として、日本という帝国の国民動員に抵抗できずに動員されたという点において、まぎれもない日本の奴隷だった。朝鮮人としての国家主権を持っていたなら得られたはずの精神的な「自由」と「権利」を奪われていた点でも、間違いなく「奴隷」だった。(一四三頁)

「国民動員」が実際には動員を否定する概念であったように、「奴隷」概念を改変したうえで言明される「「奴隷」だった」という主張は、事実上「奴隷ではなかった」と言っているに等しい。

朴裕河はこうした用語法で、一見「奴隷」であると認めるように書きながら、「慰安婦＝「性奴隷」が、〈監禁されて軍人たちに無償で性を搾取された〉ということを意味する限り、朝鮮人慰安婦は必ずしもそのような「奴隷」ではない」(一四三頁)と「性奴隷」説を否定する。

朴裕河のこうした「性奴隷」説批判には以下の四つの問題がある。第一は、「性奴隷制」概念に対する無理解である。阿部浩己によれば、今日の国際法における「性奴隷制」は奴隷制の一形態と認められ、それゆえ日本軍「慰安婦」制度が性奴隷制であるかは、「人に対して所有権に伴ういずれか又はすべての権限の行使」がなされたかという奴隷制の要件に該当するかで判断される(21)。よって、「いかなる方法・手段・目的」で移動してきたかではなく、当人が「どのような状態におかれたか」が問題となる(22)。

そのうえで阿部は、「慰安婦」たちは、逃亡や外出を厳しく制限され移動を含めた支配をうけ、何より自らの意思によりこうした隷属的状態を終了させられなかったうえ、軍・業者が労働能力を全面的に使用し労働の果実を収奪する権限を有していたがゆえに、奴隷制の一形態である性奴隷制であったと指摘する(23)。朴は韓国版ウィキペディアの記述に依拠した「奴隷」概念に基づき「外出や廃業の自由がなかったとするこれまでの考え」を否定するが(九五頁)、これらは歴史的事実の誤りであると同時に、「性奴隷制」概念についての無理解によるのである(24)。

第二の問題は、挺対協の主張の歪曲である。「性奴隷制」に関するこれらの国際法学の蓄積は、二〇〇一年の女性国際戦犯法廷・ハーグ判決にも反映されており、この法廷には当然ながら挺対協も関与した(25)。にもかかわらず、朴裕河は「『慰安婦』を「日本政府によって強制的に連行・拉致され、日本軍の性奴隷生活をした女性たち」とする挺対協の説明は物理的な強制性のみを国民にイメージさせてきた」(一三六頁)と、あたかも挺対協が「いかなる方法・手段・目的」で移動してきたかを重視しているかのような誤った主張を行っている。自らは「性奴隷制」についての国際法学の議論や挺対協の主張を正確に理解せずに批判する。こうした論法は不誠実な手法といわざるをえない。

第三の問題は、「性奴隷制」概念を「性奴隷」イメージの問題にすりかえることである。朴裕河は「『性奴隷』とは、性的酷使以外の経験と記憶を隠蔽してしまう言葉である」(一四三頁)、「『性奴隷』という言葉は、欧米や当該国に日本軍の残酷さをアピールするのには効果的でも、「慰安婦」のすべてを表現しうることばではない」(二七四頁)と主張する。「性奴隷制」は、被害者たちに行使された暴力と人権侵害の実態を把握するための概念であるにもかかわらず、「慰安婦」の「すべてを表現」していないと的はずれな非難を行うのである。だがこれは「性奴隷制」概念の問題ではなく、「性奴隷」についての歪んだイメージを持つ日本社会の問題であろう。

第四の問題は、自らの「性奴隷制」概念への無理解を棚にあげて、自説への批判者が「売春」従事者を差別しているかのような論点のすりかえを行うことである。朴は「支援者たちが主張してきた「性奴隷」認識もまた、「売春婦」差別につながるものでしかない」（二七六頁）と何の根拠も示さずに主張する。これは論点のすりかえである。在宅起訴後の記者会見でも、朴裕河は原告が本書の「売春」なる記述を問題にしたのは、「売春婦ならば被害者ではないという考えに基づいたもの」と同様のすりかえを行った(26)。加害と被害の実態を適切に把握する概念かどうかが問われているにもかかわらず、被害者たちの差別意識に責任を転嫁するのである。

6　未成年者徴集の軽視とフェミニズム言説の借用

以上見たように、『帝国の慰安婦』の「慰安婦」理解は、秦郁彦を代表的論者とする「日本軍無実論」と基本的には同様のものである。

ただし、朴裕河の主張に独自性がまったくないわけではない。朝鮮人「慰安婦」における未成年徴集を例外的とみなすのは、そうした「独自」の主張の一つである。

朴裕河は「資料や証言を見る限り、少女の数はむしろ少数で例外的だった」、少女がいたとしても「軍の意思よりは業者の意思の結果だった」（一〇六頁）と指摘する。にもかかわらず「少女」イメージが拡散したのは「韓国の被害意識を育て維持するのに効果的だったため」（六五頁）であるという。このため「平和の少女像」についても、「慰安婦の平均年齢が二五歳だったという資料を参考にするなら、実際に存在した大多数の成人慰安婦ではなく、全体のなかでは少数だったと考えられる少女慰安婦だけを代表する像である」（一五三頁）と批判する。「少女」イメージに執着する者たちは、売春に対する激しい嫌悪と差別感情を持って」おり(27)、純潔主義に執着しているため、誤った「少女」イメージが流布したというのだ。これは、「日本軍無実論」にもない朴裕河の新しい主張だが、果たして妥当なものだろうか。

まず、朴裕河の事実認識には数多くの誤りがある。朴は米国の戦時情報局心理作戦班作成の「日本人捕虜尋問報告」第四九号にある、ビルマ・ミッチナで捕虜となった朝鮮人「慰安婦」二〇人の記録を根拠に、平均年齢が「二五歳」だと主張する。だが金富子が指摘するように、この数字は捕虜時（一九四四年八月）の年齢と徴集時（一九四二年八月）を混同したものである(28)。二〇人の徴集時の平均年齢は二一・一五歳であり、うち一二人が国際法上の「未成年」である二〇歳以下であった。しかも捕虜時の平均年齢も二三・一五歳であって「二五歳」ではない。

また、朴裕河は被害者たちの証言から「「少女慰安婦」の存在が必ずしも一般的ケースではなかった」（六四頁）と主張するが、証言した朝鮮人被害者たちの大多数は徴集時の年齢が二〇歳以下であり、名乗り出た被害者たち五二人のうち、徴集時の年齢が二〇歳以下だったものは四六名にのぼる(29)。また鄭鎮星によれば、一九九三年一二月の時点で韓国政府に申告した元「慰安婦」被害者一七五人のうち、徴集時年齢が二〇歳以下だった者は一五六人であった（【表】参照）(30)。一四歳から一九歳が多く、特に一六歳と一七歳に集中している。挺身隊研究所が一九九三年に行った被害者一九人への調査でも同様だったという(31)。徴集時期からもわかるように、年齢の上限と下限が拡大するのは一九三七年の日中全面戦争開始に伴い、需要が増加した結果であった。朴裕河の主張には根拠がない。

ソウル大使館前の「平和の少女像」にしても、未成年者の徴集が多かった事実をふまえて制作されたものであり、制作者や支援団体の純潔主義を投影したものではない。朴裕河こそが証言や史料を正しく理解せずに、未成年者が多かった事実から目をそむけているのではあるまいか。むしろ自説に都合のいい証言のみを断片的に利用し実態に

表　元「慰安婦」被害者の連行時期と年齢

年齢＼年	1932～36	1937～39	1940～41	1942～43	1944～45	計
11		1		2		3
12		3	1	1		5
13		1	1	3	1	6
14	6	2		2	7	17
15	2	8	3	4	3	20
16	4	7	13	9	5	38
17	1	11	10	7	3	32
18	2	3	6	6	2	19
19	1	3	4	1	1	10
20		1	3	1	1	6
21		1	1	4	1	7
22			1	2	1	4
23		1	1			2
24		2	1	1	1	5
27		1				1
計	16	45	45	43	26	175

注1：時期及び年齢は1993年12月の時点で韓国の保健福祉部に申告した被害者175人の調査資料による。

注2：表作成者は「連行」を「本人の意思に反して連行され強制的統制により本人の意思では帰れなくなった状況に陥った状況全体」を指す概念として用いている。

出典：鄭鎮星「日本軍慰安所制度の確立」韓国挺身隊問題対策協議会2000年日本軍性奴隷戦犯女性国際法廷真相究明委員会編『日本軍「慰安婦」問題の責任を問う歴史・社会研究』プルピッ、2001年、23頁。

あわない非「少女」イメージに固執するのはなぜかを問わねばなるまい。おそらく朴が非「少女」イメージにこだわるのは、後述する朴の「帝国の慰安婦」論における日本と朝鮮の共通性の強調と関連がある。

　朴裕河のこうした「性奴隷」や「少女」をめぐる主張は、秦郁彦のような「日本軍無実論」というよりも、上野千鶴子の「慰安婦」に関する「モデル被害者」像批判に影響を受けたものと思われる。

　上野千鶴子は、一九九六年の論文「「従軍慰安婦」問題をめぐって」（以下、「上野論文」と記す）において、「慰安婦」を語るパラダイムの変遷を、①「民族の恥」─家父長制パラダイム、②「戦時強姦」パラダイム、③「売春」パラダイム、④「性奴隷制」―性暴力パラダイムの四つに整理したうえで、性暴力パラダイムのもった画期性を認めつつもその問題点を次のように指摘する(32)。

すなわち、「慰安婦」を「軍隊性奴隷制」ととらえる性暴力パラダイムを採用すると、「被害者の「任意性」」の否定を強調せざるをえなくなる。このため、「被害者の性的過去の無垢さや、抵抗の有無、経済動機の否定などが象徴的に動員され、たとえば「連行時に処女であり、完全にだまされもしくは暴力でもって拉致され、逃亡や自殺を図ったが阻止された」という「モデル被害者」の像が受け入れられやすくなる」という(33)。そして、「モデル被害者」像の浸透はそこから逸脱した者たちの「名のりをあげにくくなるという政治的効果」を生じさせ、ゆえに「「無垢な被害者」像を作りあげることによって、女性に純潔を要求する家父長制パラダイムの、それと予期せぬ共犯者になりかねない」という問題点があるというのだ(34)。上野の「モデル被害者」像批判が、朴裕河の「少女」像批判に少なからぬ影響を与えていることは明らかであろう。

もちろん、上野の指摘するように、「慰安婦」被害者たちが売春の前歴のない「少女」であって欲しい、という願望に従って証言や史料を歪めるようなことがあるとすればそれは問題であろう。

だが、売春の前歴のない未成年の徴集が問題となるのは、日本「内地」とは異なる、植民地支配下の朝鮮人「慰安婦」徴集の重要な特徴だからである。吉見義明が明らかにしたように、日本政府は売春の前歴のない日本人女性を戦地に送れば「銃後ノ国民」に「好マシカラザル影響ヲ与フル」と判断し、日本人の場合は、「醜業」に従事させられ「満二十一歳以上且花柳病其ノ他伝染性疾患ナキ者」に徴集を限定せざるをえなかった(35)。この不足を補うため、婦女売買禁止条約の適用から植民地を除外し、朝鮮・台湾の未成年で性病に罹患しておらず売春の前歴のない女性を徴集したのである。業者が勝手に集めたのではなく、明らかに日本国家の意思が働いていたといえる。

本来はこうした日本政府の「純潔主義」の背後にある植民地主義と女性差別が問題であるにかかわらず、上野＝

朴裕河はこれを研究者や支援団体の売春差別へと責任を転嫁する。これは論点のすりかえといわざるをえない(36)。

上野論文と『帝国の慰安婦』の共通性はほかにも指摘できる。上野は「軍隊性奴隷制」パラダイムのもう一つの政治的効果として、「日本人慰安婦」と「日本人以外の「慰安婦」」の分断があるという(37)。「「性的奴隷制」は、敵国もしくは被占領地の女性に対して行われる組織的性犯罪であり、したがって自国民の「慰安婦」もしくは同盟国民による基地売春等を「被害者」から除外する働きがある」からだと上野は主張する。第5章でみるように、女性国際戦犯法廷に結実する「慰安婦」問題をめぐる責任者処罰の動きは、こうした「分断」を克服する実践となるため、上野のこうした指摘は妥当とは言いがたいが、『帝国の慰安婦』がその基本的なモチーフを上野論文から借用していることがわかる。

『帝国の慰安婦』は上野論文を出典として示されておらず、参考文献にもあがっていないが、朴裕河の日本軍「慰安婦」制度理解が、「日本軍無実論」と同様のものであり、第3章で述べるように「兵士たちの声」の復権ともいえる反フェミニズムの著作であるにもかかわらず、少なからぬフェミニストたちの間で本書が受け入れられる理由は、上野千鶴子のレトリックを本書が借用していることが大きいと考えるべきだろう。

7　日本の法的責任と軍の犯罪

最後に朴裕河の日本の「法的責任」についての主張を見ておこう。その際に、問題をいくつかの次元に分けて考察しなければならない。そもそも日本軍「慰安婦」制度が当時の法に反するといえるのか、仮に反するならば現在被害者たちが個人の請求権を行使しうるのか、行使しうるならば政府はいかなる法的責任を負うのか、などである。これらは一言で「法的責任」と括られるが、それぞれ別の次元の問題である。

例えば国際法学者の大沼保昭は「「慰安婦」制度を法的な観点からみた場合、それは、それが設置され、運営された当時の国際法と日本の国内法に反する制度であった。（中略）大日本帝国は、「慰安婦」制度の設置、運営について、たしかに国際法と日本自身の法に反したのである」(38)と認識しながらも、だからといって「今日元「慰安婦」に国家補償を求める個人の請求権があるといえるかどうかは、難しい問題である」という(39)。現行法の解釈としては、戦争と植民地支配に関わる個人の請求権の問題は、サンフランシスコ講和条約や日韓協定で解決した、という見解が強固だからだ。大沼のこうした立場は、法に反する制度であったことを認めつつも、法の解釈上は個人の請求権を認めることは難しい、というものといえる。

朴裕河も結論としては、日本政府の法的責任を否定する立場であるが、その主張の特徴は、「慰安婦」制度が法に反する制度であったことを否定し、かつ被害者たちの個人の請求権も認めない立場であると、要約できる。そもそも法に反する制度であったことを認めない点で右の大沼のような立場とも異なるといえよう。ちなみに、上野も「慰安婦」制度はもとより、公娼制そのものがすでに条約違反であった。契約の上では本人の「自由意思」の見かけをとっているが、借金による拘束や監視下の労働など、実質的な奴隷状態にあった」ことは認めており(40)、「慰安婦」制度を違法とする「法」は存在しなかったとする朴裕河の立場とは異なる。

個人の請求権の問題については、第4章で検討するため、ここでは朴裕河がいかなる意味で「慰安婦」制度が法に反しないと主張するのかをみてみよう。この問題についても朴裕河の書き方には曖昧さがあるため、まずはその「論旨」を確認しておかねばならない。朴は「慰安婦となる民間人募集を発想した国家や帝国としての日本にその〈罪〉はあっても、法律を犯したその〈犯罪性〉は（中略）民間人にも問われるべきであろう」（三四頁）と、一見国家「にも」犯罪の責任を問えるかのように記す。だが前述したように「慰安婦たちを連れていった（中略）ことの「法的」責任は、直接には業者たちに問われるべきである。それも、あきらかな「だまし」や誘拐の場合に限る。需要を生み出した日本という国家の行為は、批判はできても「法的責任」を問うのは難しい」（四六頁）とも記している。

二つの記述は、国家の責任について矛盾する指摘をしたことになるが、おそらく朴裕河の実際の主張は後者である。「強姦や暴行とは異なるシステムだった「慰安」を犯罪視するのは、すくなくとも法的には不可能」(一七二頁)であり、「〈犯罪的〉であって、法律で禁じられた〈犯罪〉ではなかった」とも書いているからだ。「当時の基準で法的責任を問えるのは、業者による過酷な強制労働や暴行、そして軍人による逸脱行為としての暴行と強姦」(二〇一―二〇二頁)に限るという。

だが、こうした理解にはこれまでの研究への無理解がある。度々指摘されるように、当時の刑法においても国際移送目的の誘拐や人身売買は犯罪であり、この責任は徴募の指示をした軍隊も免れない。朴裕河の法的責任否定論は、安倍晋三のいうところの「広義の強制」は犯罪ではないとする主張と同一のものであるが、吉見が指摘するように、戦前の刑法第二二六条は「国外移送目的略取罪」「国外移送目的誘拐罪」「人身売買罪」「国外移送罪」を規定しており、「狭義」「広義」の別を問わず罪に問われるのである。実際に国外移送目的誘拐罪・国外移送罪で処罰されたケースも存在する(41)。これは軍が直接手を下さない場合でも同様であり、徴募の指示をすれば責任が生じると考えられる。

また国際法も同様である。婦女売買禁止国際条約は「醜業」目的の詐欺、暴行、脅迫などの手段による「拐去」を禁止しており、「未成年」については「本人ノ承諾」があったといえども処罰されるとしている。強制労働に関する条約、奴隷条約、陸戦の法規に関する条約(ハーグ条約)にもふれていない。

つまり「慰安婦」制度の罪を問いうる法は日本国内でも国際的にも存在したのである。むしろ問題は法の不存在ではなく、植民地下での婦女売買禁止条約の不適用による不処罰にある。政府は婦女売買禁止条約の植民地への適用を留保したが、これはむしろ「法律で禁じられた〈犯罪〉」であることを理解しているがゆえといえよう。

朴裕河は「法的賠償を求める挺対協の要求は、「強制連行」の指示や実践が、軍全体の系統立った方針と命令体系が確認されない限り、妥当なものとは言えない」（一七三頁）と批判するが、「「慰安」というシステム」が犯罪化されていなかったから合法であると主張する以上、当時の命令系統が確認されたとしても「命令があったから当時の日本の法では合法である」と主張せざるをえないのではないか。合法と不処罰を混同するがゆえに朴の議論は矛盾に陥らざるをえない。

一見、妥当な主張をしている次のような文章も、朴のこうした「法」への無理解をふまえて読まねばならない。

慰安婦たちがたとえ慰安婦になる前から売春婦だったとしても、そのことはもはや重要ではない。朝鮮人慰安婦という存在が、植民地支配の構造が生んだものである限り、「日本の」公娼システム――日本の男性のための法に、植民地を組み込んだこと自体が問題なのである。慰安所利用が「当時は認められていた」とする主張は、「朝鮮人慰安婦」問題の本質を見ていない言葉にすぎない。（二二八頁）

仮に「売春」の前歴があったとしても、それは植民地支配の構造ゆえに生まれたものであるから、植民地に組み込んだことを問題にしなければならない――これらの歴史修正主義批判には、筆者もまた同意する。だが問題は、こうした批判が軍「慰安婦」制度の合法性が争われている局面でなされていることだ。朴裕河はただちに合法であることを認めてしまう。なぜなら朴裕河自身が「慰安婦」制度が犯罪であるとはみなしておらず、「人道に対する罪」であることも認めない。当時の法のみならず、男性優位にジェンダー化された法を部分的にでも乗り越えようとした後世の法について考慮することもない。このため「慰安所の利用を常識とし、合法とする考えには、その状況に対する恥の感覚が存在しない」という羞恥心の問題へ論点をすりかえてしまうのである。

4 挺身隊理解の混乱

1 秦郁彦「女子挺身勤労令不適用」説の受容と無理解

以上見たように、本書の特徴は、秦郁彦＝「日本軍無実論」の事実認識とを上野千鶴子の「性暴力パラダイム」批判のレトリックを接合したものであるといえるが、実際には「無実論」の主張に対する朴裕河の理解も非常に不正確なものであるため、本書には秦説を受容しているにもかかわらず、秦であれば書かないような記述も散見される。その代表例が、女子勤労挺身隊（以下、「挺身隊」と記す）の動員に関する矛盾した記述である。

挺身隊とは、日本政府が女子労働力を軍需工場などに動員するため創設した組織で、一九四三年から事実上の組織化が始まり、一九四四年八月二三日公布施行の「女子挺身勤労令」（以下、「勤労令」と記す）により法的根拠を与えられた(42)。勤労令公布以前から、朝鮮では「慰安婦」募集が行われており、後には挺身隊募集の名目で「慰安婦」として連れて行く事例があったことから、植民地朝鮮では挺身隊と「慰安婦」を同一視する認識が広がっていた(43)。韓国の被害者支援団体がはじめ挺身隊問題として「慰安婦」問題をとらえた背景には、こうした植民地朝鮮における挺身隊認識がある。挺身隊と「慰安婦」の「混同」は、このため否定論者が好んで取り上げる論点となる。

挺身隊動員の過程について、朴裕河は次のように指摘する。

慰安婦の募集は早い時期からあったが、「挺身隊」（＝勤労挺身隊）の募集は戦争末期、一九四四年からだった。そして挺身隊は最初から朝鮮人を相手に行われた制度ではなく、日本で行われた制度だった。日本は一九三九年から「国民徴用令」「国民勤労報国協力令」「国民勤労動員令」など名前を変えながら一四～四〇歳の男子、一四～二五歳の未婚女性を国家が動員できるようにした。そして一二歳にまで募集対象年齢が下がったのは、一九四四年八月だった（チョン・ヘギョン（鄭恵瓊）二〇一二）(44)。

それさえも、「朝鮮では公式には発動されなかった」（イ・ヨンフン（李栄薫）二〇〇八、一二〇頁）。（五二頁）

朝鮮で「発動されなかった」「それ」とは何か。この記述では国民徴用令や挺身隊の募集自体が「それ」にあたるようにしか読めないが、いずれも朝鮮で「発動」されている。

実は、李栄薫が「発動されなかった」としたのは、このいずれでもなく女子挺身勤労令をさす。つまり勤労令は「朝鮮では公式には発動されなかった」と李は主張するのである。だが朴裕河は勤労令をめぐる争点を理解していないため、李論文を不正確な歴史的事実の説明に用いている。朴が「法律を作って挺身隊を合法的に動員できるようにしながら」（二三五頁）と書いていることからもそれは明らかである。勤労令が発動されなかったと主張する一方で、挺身隊を「法律を作って」動員したと理解することはありえない。

矛盾が生じたのは朴裕河が、勤労令に関する秦郁彦の主張を理解していないためである。出典の李栄薫論文は「日帝は、四四年八月に「女子挺身勤労令」を発動して、十二歳から四十歳の未婚女性を産業現場に強制動員する。だが、この法令は日本人を対象にしており、植民地朝鮮では公式に発動されなかった」(45)と指摘する。これはおそらく秦郁彦の主張を念頭に置いたものと思われる。秦は「女子に対しては、国民徴用令も、女子挺身勤労令も朝鮮半島では適用しなかった」(46)と記しているからだ。

秦郁彦の主張の根拠は、朝鮮総督府鉱工局労務課『国民徴用の解説』（一九四四年。以下、「『解説』」と記す）である(47)。秦は同書の「今後に於ても女子を動員する場合、女子挺身勤労令発動によるといふ考は今の所持ってをりません。今まで朝鮮の女子挺身隊は、みな官の指導斡旋によるもので、内地の（中略）立派な施設の整った飛行機工場等に出してをります。今後ともこの官の指導斡旋を建前とする心算」との記述を根拠に、女子挺身勤労令が適用されなかった、と主張した。金富子も指摘するように勤労令は朝鮮でも公布・施行されたが(48)、秦のいう「適用」とは公布・施行したという意味ではない。はじめ日本政府は女性労働力の動員のため「勤労挺身隊」の自主的な結成を促したが低調であった。このため一九四四年八月に勅令を発して強制力のある「女子挺身勤労令」を制定し、この勤労令は朝鮮にも施行された。秦が「女子に対しては、国民徴用令も、女子挺身勤労令も朝鮮半島では適用しなかった」というのは、『解説』にもあるように、施行したが適用しなかったことを意味する(49)。

秦が勤労令の不適用を強調するのは、朝鮮における挺身隊の動員を「強制連行」から排除するためであると思われる。『解説』は朝鮮で女子挺身隊を動員しないとしているわけではなく、「今迄朝鮮の女子挺身隊は、みな官の指導斡旋によるもの」だったが、「今後ともこの官の指導斡旋を建前とする心算です」と述べており「官斡旋」方式による徴集を継続する、と説明する。秦は「いわゆる「強制連行」は、この徴用令（一九四四年九月の国民徴用令の全面発動：引用者注）に基づく内地等への労働力移入を指すが、最終的には「徴用」へ統合吸収した事情もあり、論者によっては自由募集や官斡旋段階からふくめてそう呼ぶ例が見られる」と「強制連行」を徴用に限定する(50)。秦は「官斡旋」による連行を「強制連行」から排除しており、挺身隊の説明で勤労令の不適用を強調するのは、おそらく挺身隊の動員は「強制連行」ではないと主張したい含意があると思われる(51)。

『帝国の慰安婦』の「朝鮮では公式には発動されなかった」という記述は、こうした秦郁彦の解釈を、李栄薫経由で継承したものである。だが朴裕河は秦説の含意を理解していないがために「法律を作って挺身隊を合法的に動員できるようにし」たとか、「挺身隊」の「「公的」な徴用」（五五頁）と記してしまう。朴裕河は『ソウル新聞』記事の挺身隊理解の「誤り」を指摘する際、「日本で施行された制度がそのまま韓国でも施行されたかのように理解し、さらに挺身隊に行くとそのまま慰安婦になるものだったと考えていたのである」（五三頁）と批判していることから、勤労令が朝鮮では施行されていない、と考えている可能性すらある。本書の挺身隊に関する著しく矛盾した記述の氾濫は、朴裕河の挺身隊動員への無理解に加え、秦郁彦説への無理解に起因するものといえる。

2 「挺身隊＝自発的志願」説と「民族の〈嘘〉」論

朴裕河はそれでは、挺身隊の動員についてどのように理解しているのだろうか。結論からいえば、朴は挺身隊を「自発的志願」というフレームで理解しているといえる。「合法的に動員」や「公的な徴用」という言葉は、不用意に記したに過ぎず、挺身隊動員の実態理解としては「自発的志願」が本質であると考えているとみてよい。これについて、以下では千田夏光『従軍慰安婦』に紹介された申河澈の証言についての解釈を検討しながら考えてみよう。申河澈は京畿道加平郡で代々居酒屋を経営してきた人物で、千田夏光の取材に応じて挺身隊徴集の目撃談を語った(52)。

「連れて行く三日前に〝お前は挺身隊だ〟という通知書が来るのです。駐在所の警官が持ってきました。」（十八歳以下の未婚の女性が対象で、三日後には駐在所前に娘達が集められる：引用者注）「そこから警官が引率してトラックや汽車にのせ、逃亡しないよう監視しながらソウルへ連れて行きました。見送る家族、母親などは娘の足もとにすがり号泣し、それを警官が引き離そうとすると、今度はその警官の足にすがって、〝返してくれ、助けてくれ〟と泣きながら訴えるのですが、蹴とばされましてね。どこの国に娘が兵隊の慰みものになるのを喜んで見送る親がいるでしょうか。貧しい百姓でも人間ですからね。」

朴はこの証言に対して、二通りの批判を加える。第一は、これは「慰安婦」の徴集の証言ではない、という批判である。証言からわかるように、申は「挺身隊」として徴集された女性たちが「慰安婦」にされたと考えている。だが朴は、これは「慰安婦」ではなく、「挺身隊」の「「公的」な徴用」の場面だったはずだ、と指摘する（五五頁）。第二に朴は、こうした徴集のやり方は、挺身隊の徴集としても例外的であると批判する。「挺身隊の場合だとしても、人狩りのような〈強制〉的な場面ではなかったはずだ。なぜなら、後述するように、当時における挺身隊とは〈国家のために〉「挺身」するものであって、たとえば兵士がそうであるように、構造的には強制でも、あたかも自発的であるかのような形を取っていたからである」（五六頁）と。

すなわち、女子挺身隊とは自発的に志願するものだった、強制的な場面ではなかったはずだ、というのが朴の主張である。「構造的には強制」とは、朴の用語法によれば、自ら志願するような内面を植民地化で形成したことを意味する。つまり朴は挺身隊への「志願」の動機を「挺身」という言葉通りの意味でとらえるのである。第3章でみるように「慰安婦」となった女性たちの動機について朴が「愛国」というフレームで理解することと同じく、ここでも「非国民にならないための」「挺身」として、挺身隊への「志願」の動機を捉えているのである。

だが、朴によればこうした『毎日新報』（総督府の御用新聞）が報じたような「自発性」という動機付けは、解放後の韓国では隠ぺいされた。なぜなら「植民地は一貫した〈抵抗の地〉でなければならず、それは本人の記憶や意志を超えての、新しく出発した独立国家の夢でもあった」からだ。そして「さまざまな〈自発〉への沈黙は、〈嘘〉というより、むしろ「モラル」でさえあった」（六〇頁）とまでいう。

挺身隊は自発的な志願だった、だが自発的に志願してしまうところに植民地の「構造」がある、にもかかわらず韓国ではこうした〈自発の自己強制〉はナショナリズムゆえに無視されてきた、と主張するのである。

だが問題は、朝鮮人少女にとって、「志願」と言えるのか、ということであろう。それを『毎日新報』の報じた通りの「非国民にならないための」「挺身」などと位置づけることができるのであろうか。挺身隊の募集に応じた女性たちの証言は、「志願」の内実について朴裕河の描くものとは異なる姿を示している。伊藤孝司が取材した七人の元挺身隊の女性たちのうち六人は募集に応じた理由として口を揃えて挺身隊に出て三菱へ行けば「学校」に通えるといわれたからと答えている(53)。一名(李在允)は日本人巡査と朝鮮人面事務所職員に無理やり連れていかされたという。企業(三菱や不二越)から学校に募集依頼があったこと、女性たちにとっては「学校に行ける」という勧誘が募集に応じる決定打になったことがわかる。なかには朴良徳のように「国に協力しよう」と思ったという動機も語られてはいるが、第一の動機が学校に行くことであったことは変わらない(54)。

これは前述の『解説』が「その工場は工場か学校の延長かどちらか解らない様に立派なものです」と、挺身隊の動員先を美化していたこととも符合する。実際には彼女たちの「学校に行きたい」という願いは動員先の工場では果たされることなく、無残に打ち砕かれるのであるが、朴のいう「挺身」という動機付けという理解が、植民地下における女性たちの状況とそれにつけこんで「募集」をかけた企業の責任を無視した謬論であることが理解できよう。

もちろん、これらの証言をもってただちに挺身隊の「動機」の全体を代表させることはできないが、総督府御用紙の表面的な報道を批判的に検討する重要な事実を指摘していることは確かだ。また李在允の証言は、「募集」に応じたケースにとどまらず、暴力的な連行のケースも存在したことも伺わせるものといえる。容易に読むことができるこれらの証言をなぜ無視し、総督府の戦時動員の宣伝の通りに挺身隊への応募の動機が文字どおりの「挺身」であったかのように語るのであろうか。

朴裕河はここでも、総督府の挺身隊は自発的な志願だという主張に対し、具体的な事実関係のレベルで志願かどうかを争うのではなく、確かに志願だ、だが志願した「構造」が問題だ、と事実について総督府の認識を承認したうえで解釈の争いに移行する。しかも実際には「構造」についての考察は極めて平板なものに留まる。実際、朴裕河の挺身隊＝自発的志願説の論拠はただ『毎日新報』のみである。

ところで、朴のように「挺身隊＝自発的志願」説を取った場合、都合の悪い事実がある。自らが挺身隊徴集の場面だと指摘した申河澈の証言の扱いである。申河澈は「今度はその警官の足にすがって、〝返してくれ、助けてくれ〟と泣きながら訴える」親たちの姿を千田に語っていた。朴はこの証言を以下のように読み解く。

そこで考えられるのは、親たちが娘たちの行く先が、単なる「挺身隊」ではないと考えていた可能性である。その形が〈自発〉だろうが〈強制〉だろうが、娘たちを待っているのが「慰安婦」の仕事と考えての悲しみであったかもしれない。そこには、娘たち自身の悲しい〈嘘〉——性にかかわる仕事ではないと自分と親に納得させるために、内容が分かっていながら「挺身隊」に行くと話すような——があったかもしれないし、娘を貧しさゆえに売った親たちの〈嘘〉が介在していたのかもしれない。多くの売春女性や強姦された女性たちが、その事実を公には言えなかった差別的な社会構造こそが、挺身隊と慰安婦の混同を引き起こし、いまだにひきずっている根本的な原因とも考えられる。（六二頁）

申河澈が目撃した親たちは、なぜ警官に「泣きながら訴え」ていたのか。それは親たちが娘たちが「慰安婦」にされると思っていたからだという。そして、親たちがそう「誤解」するに至った背景には、娘たちが本当は「慰安婦」になるとわかっていながら「挺身隊」に行くと親に言った〈嘘〉や、親たちが娘を「慰安婦」として業者に売っていたにもかかわらず、「挺身隊」に連れて行かれた言う〈嘘〉が社会的に広がっていたからだ、というのだ。衝撃的な解釈である。もし朴のいうように親たちが「挺身隊」を「慰安婦」と理解していたとするならば、その最大の要因は日本軍や業者が挺身隊の名目で朝鮮人「慰安婦」を集めた事実があったからであろう。それが、当事者女性やその親たちの〈嘘〉の責任にされる。そもそも、朴のいうように、自発的に行った女性も娘を売った親もみんな「挺身隊」に行くと嘘をついていたならば、なぜ親たちは挺身隊動員を「慰安婦」への徴集だと考えることができたのか、まったく説明がつかない。

そもそも、娘を挺身隊に取られることに抵抗し警官に泣きながら訴える人がいるという事実に、なぜ疑いを差し挟むのだろうか。逆にいえば、なぜ挺身隊に取られるのならば親が泣くはずはない、と考えるのだろうか。上にあげた元挺身隊女性たちの証言にも、家族が身を案じて反対した、という話は沢山出てくる。申河澈は、戦時末期には挺身隊逃れのため急遽結婚させるケースが増えたため、解放後に悲惨な離婚をした者が多かったと語ってもいる。朴には植民地下での戦時動員そのものの暴力性・抑圧性への想像力が一切ないように思える。朴は「たとえ相対的な〈善政〉があったとしても、それはあくまでも体制に抵抗しない人々に限ることでしかなかった」(二一五頁)と、体制に順応した者にとっては「善政」であったかのようにいうが、植民地支配に対する認識があまりに牧歌的であるがゆえに、戦時動員についてもその暴力性を見過ごしてしまうのではないだろうか。

さらにこの記述からは、証言や史料の解釈の際に重視するのが、植民地支配を生きた人びとの声に耳を傾けることではなく、自身の図式・思い込み――挺身隊には自発的に志願して行った――であることがわかる。朴は自説を維持するために、二つの〈嘘〉を登場させているが、そこには何の根拠も示されていない。本当は「慰安婦」になるとわかっていながら「挺身隊」に行くと親に言った者、娘を「慰安婦」として業者に売っていながら「挺身隊」に連れて行かれたと言った者は、想像により語られるにすぎない。

朴はこれらの根拠なき推論にさらなる推論を重ねる。

おそらく、このような混同を生み出したのはまずは業者の嘘によるものだったはずだ。「挺身隊に行く」と偽って、実際には「慰安婦」にするために戦場に送るような嘘である。それは自分の利益のためのみならず、軍が要望する圧倒的な数に応えるためにも、「挺身隊」という装置が必要だったのだろう。合法的な挺身隊の存在が、不法なだましや誘拐を助長したとも言える。そこに介在した嘘は、慰安婦になる運命の女性たち自身や周りの人々、そしてその家族をその構造に入りやすくする、無意識のうちに共謀した〈嘘〉でもあった。そこで行われている最後の段階での民族的蹂躙を正視しないためにも必要だった、〈民族の嘘〉だったのかもしれない。

つまり、彼女たちのみならず、彼女たちを守れなかった植民地の人々すべてが、〈慰安婦ではなく挺身隊〉との〈嘘〉に、意識的あるいは無意識的のうちに加担した結果でもあったのである。そして、そのような嘘を必要とする事態こそが、「植民地支配」というものでもあった。(六二頁)

こうして、業者の嘘、女性たちの嘘、親たちの嘘は、「共謀した〈嘘〉」として渾然一体となり、周到に日本軍の嘘のみを排除したうえで、〈民族の嘘〉なる驚くべき言葉が作られるに至る。朝鮮人たち——業者、女性、親——が「挺身隊」を隠れみのに共謀して嘘をついた、それはこの朝鮮人たちを「その構造に入りやすくする」ような「無意識のうちに共謀した〈嘘〉」であった。目を疑う記述だが、本当に朴裕河はこう主張しているのである。しかも何の根拠もなく。

この「共謀した〈嘘〉」なる言説が破綻していることは、上の引用だけからでも明らかである。女性や親たちが嘘をついたとするならば、業者は嘘をついていないことになる。業者が連れていく目的を伝えていなければ、親や女性たちは嘘などつきようがない。結局朴のいう「共謀した〈嘘〉」「民族の〈嘘〉」論は、日本軍だけでなく業者すら免責し、末端の民衆たちに責任を転嫁する言説なのである。この〈民族の嘘〉なる言説は日本の植民地支配下を生きざるをえなかった朝鮮民衆の経験を不当に貶めるものといわざるをえない。

3. 歪められた被害者たちの「声」

1 『帝国の慰安婦』は「女性たちの声」に耳を澄ませたか?

本書で試みたのは、「朝鮮人慰安婦」として声をあげた女性たちの声にひたすら耳を澄ませることでした。というのも、一九九〇年代に問題となって二〇年代以上時間が経つうちに、いつのまにか当事者たちの声はかき消され、日韓両国の政府や市民団体の声ばかり大きくなった気がしたからです。確かに人前に現れた元「朝鮮人慰安婦」たちは何人もいますが、それでも全体からするとごく少数だったと言えるでしょう。そこで、より多くの人たちの声を集め、改めて聞こうとしたのです。(一〇頁)

朴裕河は自らの試みをこう記す。高橋源一郎が本書を評価したのも「朴がやろうとしたのは、慰安婦たちひとりひとりの、様々な、異なった声に耳をかたむけることだった。そこで、朴が聞きとった物語は、わたしたちがいままで聞いたことがないものだった」からだ(1)。「女性たちの声」「当事者たちの声」「異なった声」を拾い上げ、明らかにすることは、著者がもっとも強調するところであり、評者たちが高く評価する本書の意義である。だが果たして本書は「女性たちの声にひたすら耳を澄ま」した著作といえるのだろうか。本章では、本書における「慰安婦」とされた人びとの「声」の解釈を検討したい。

2　千田夏光『従軍慰安婦』の誤読による「愛国」の彫琢

1　「愛国」的存在論

朴裕河のいう「声」とは、「慰安婦」に関する調査や文学作品、証言集に記録された被害者たちの言葉をさすメタファーであり、本書が試みたのは、これらのさまざまな史料の再解釈である。本書はまず、ルポライターの千田夏光が一九七三年に刊行した著作『従軍慰安婦〝声なき女〟八万人の告発』（双葉社、一九七三年。以下、『従軍』とし、頁数は本文中に記す）の読みなおしから始める。

朴裕河は『従軍』の意義について、次のように指摘する。

　千田は慰安婦を、兵士と同じように、戦争遂行を自分の身体を犠牲にしながら助けた〈愛国〉的存在と理解している。国家のために働いた軍人の犠牲のための補償はあるのに、なぜ慰安婦はその対象にならなかったのか、というのがこの本の関心事であり主張でもある。そしてこのような千田の視点は、その後に出たどの研究よりも、「慰安婦」の本質を正確に突いたものだった。（二五頁）

「帝国の慰安婦」論の核心的主張がここにはあらわれている。朝鮮人「慰安婦」の本質は戦争遂行を助けた「愛国」的存在であり、朝鮮人「慰安婦」と日本兵は「同志的関係」であった、というものである。朴裕河の主張は一九九〇年代以降のさまざまな「慰安婦」をめぐる言説を接合したものだが、この主張は『帝国の慰安婦』の独自のものだ。千田の本の再読を通じて拾い集められた「声」とはこうした「帝国の慰安婦」の「本質」であった。

だが本当に千田は朝鮮人「慰安婦」は「愛国」的存在であったと主張したのだろうか。能川元一が指摘したように、朴裕河の『従軍』の読解は誤読というほかない無理な解釈に満ちている(2)。例えば、朴は本書第1部第1章の冒頭で、千田が「慰安婦」について取材するきっかけとなった写真にふれ、この写真のように「なぜ朝鮮人慰安婦が、「日本髪」の「和服姿」で日本軍の「占領直後」の中国にいたのか。そしてなぜ「中国人から蔑みの目で見られてい」たのか」(二四頁)を考えることを促し、朝鮮人「慰安婦」と中国人の敵対関係(「帝国の慰安婦」論)を想起させる。当然読者はこの記述から、和服姿の朝鮮人「慰安婦」とそれを「蔑みの目」でみる中国人の写真を想像するだろう。

写真（a）

「昭和13年10月6日の天津・福島街。後方の銃火がおさまった町々には日本内地から早くも脂粉のカオリまきちらす“女”たちがやってきた。それを見る中国人の目。おかしな戦争の奇妙な産物だった。」(『日本の戦歴』毎日新聞社編刊、1967年、113-114頁)

ところが能川が明らかにしたように、そのような写真は存在しない(3)。千田がふれたのは、(a)二人の芸者姿の女性を中国人男性が眺める姿と、(b)渡河する「慰安婦」たちを撮ったそれぞれ別の二枚の写真だからだ。にもかかわらず朴は千田の文章を誤読し一枚の写真と勘違いした。(a)の中国人男性が、(b)の「慰安婦」たちを「蔑みの目」でみている、と考

写真（b）

「昭和13年6月18日　前進する部隊を追って黄河をわたる慰安婦たち」（『日本の戦歴』毎日新聞社編刊、1967年、116頁）

えたのである。資料を確認せず想像で解釈するために生じた誤謬であろう。しかも(b)の「慰安婦」たちも朝鮮人かどうかは明らかではない。

　朴裕河の『従軍』読解の疑わしさをふまえるならば、千田が朝鮮人「慰安婦」の本質が「愛国」的存在であると考えたとの主張についても、その妥当性を検証しておく必要がある。実際『従軍』をどれだけ探しても、朝鮮人「慰安婦」の本質が「愛国」的存在だったとの主張は見つからない。驚くべきことに、「どの研究よりも」「本質を正確に突いた」と称えるにもかかわらず、千田がどこでそう指摘したかも記されていない。

　千田が取材した人々の証言のうち、それでも関係すると考えられるのは、田口栄造と斉藤キリの証言である。田口栄造は千田が取材した福岡市在住の日本人で、連隊相手の便利屋をやっていた（『従軍』二四―二八頁）。一九三七年に軍から「慰安婦」を集めるようにいわれ北九州の「ダルマ屋」（私娼窟）で人集めをした際、ある日本人娼婦が「こんな体の私が兵隊さんのために働ける、お国のために尽せるというので彼女らは喜んでました」といったという（『従軍』二六頁）。

　斉藤キリは同じく千田が取材した日本人「慰安婦」である。斉藤は千田に次のように語ったという（『従軍』八一―八二頁）。

慰安婦になるとき、戦場に着いた当初は、〝こんな体の私でもお国の為に働けるんだ〟と思った。でも第一線の慰安所にいる時はそれでもよかったけれど、後方の兵站基地の慰安所にいると次第に生活に慣れるというか疲れてしまうのね。それというのは第一線では兵隊たちと食べる物も一緒だし、兵隊は明日死ぬかも知れないと思っている。私たちもそんな彼らを本気に慰めようと思った。将校たちも顔を見ると、〝ご苦労！〟など言ってくれた。ところが後方に来ると本当に〝共同便所〟扱いなの。将校や下士官たちの中には面と向かってそう言うのがいた。

二人の証言はいずれも「お国の為に働ける」と語った日本人女性の証言である。千田は証言をもって語る手法を用いており、被害者たちの内面について自らの解釈を示すのには禁欲的であるが、わずかに田口の語ったエピソードについて、千田は「自分たちが体を兵隊に売ることがお国のためになる、つまり忠義になるという発想はどうだろう。彼女らは彼女らなりに忠義を考えていたということだろうか。私にとって驚きであった」（『従軍』二一七頁）と感想を記している。もちろんこれは朝鮮人女性に関する見解ではない。

千田はむしろ朝鮮人と日本人の差異を示唆する。田口は軍の求めに応じて「口をきいたのは二〇人くらい。朝鮮人が少しいた」とも語るが、「ダルマ屋に朝鮮人女性もいたのですか」との千田の質問には沈黙する。千田はこの沈黙の意味を「集められた、もしくは集まって来た朝鮮人慰安婦が〝商売〟の経験をしたことのない、つまりダルマ屋以外の所にいた女性であったということが理解された」（『従軍』二一八頁）と解釈する。ある軍医（匿名）は「若い朝鮮人慰安婦の中には脱走もあったという。日本人慰安婦は覚悟して来ていたが、彼女らは連れて来られて腰をぬかす者が多かったから、これも無理なかったのだろう」（『従軍』八九頁）と証言しており、これらは朝鮮人と日本人の違いを示唆する貴重な証言といえるが朴は言及していない。

そもそも、日本人女性たちの「お国の為に働ける」という証言にしても、戦争遂行を助ける「愛国」的存在という解釈にはおさまりきらない側面がある。女性たちがこのように考えたのは、いずれも募集の際や「戦場に着いた当初」である。斉藤の証言はむしろ後方では「共同便所」扱いされる現実があったことを物語っている。

このように、千田が朝鮮人「慰安婦」を「愛国」的存在と考えた形跡は千田『従軍』からは見出すことはできない。日本人「慰安婦」についても単純に「愛国」的存在を本質と考えたかは疑問である。朴裕河は証言以前に、千田の「声」を理解していないのである。

2 日本人「慰安婦」＝朝鮮人「慰安婦」？

千田が取材した人びとの証言についてはどうだろうか。朴裕河は朝鮮人「慰安婦」の本質が「愛国」的存在であったと論じる際、女性たちの「愛国」や「同志意識」という内面について語ろうとする。ある人物の行動について、内心から価値観を受け容れたのか、あるいは特定の状況に仕方なく従っているにすぎないのかを歴史研究が判断するのは容易ではないが、『従軍』の証言から、朴はいかにして「愛国」の意識を論じたのかを次にみよう。

朴裕河は、千田の本に登場するある元兵士の「慰安婦」に関する証言にふれながら、次のように論じる。

……性的に搾取されながらも、前線で死の恐怖と絶望にさらされていた兵士を、後方の人間を代表する女として慰安し、彼らの最期を〈疑似家族〉として見守る役割。朝鮮人慰安婦たちが前線でも「皇国臣民ノ誓詞」を覚え、何かの記念日には国防婦人会の服（＝割烹着）に着替えてたすきをかけて参加したというのは、そのような役割を遂行できる前線の〈銃後の女〉にふさわしい女性としての訓練だったとも言えるだろう。それはもちろん国家が勝手に与えた役割だったが、そのような精神的「慰安」者としての役割を、慰安婦たちはしっか

り果たしてもいた。（七七頁）

根拠となった証言を確認しよう。千田に語った証言者は元兵士の大淵清である（『従軍』一七九頁）。大淵は一九四三年に志願兵となり、一九四四年一月にハルマヘラ島（現、インドネシア共和国）に上陸した。部隊には月に何回かの割合で日本からマニラを経由して〝慰安部隊〟が来たが、マリアナ沖海戦敗退後は海上封鎖状態で〝慰安隊〟は来なかった。そうしたなか一九四五年六月に輸送船が二〇人の慰安婦を載せてやってくる。その日本人女性が「終って部屋を出る時（中略）仰臥したままの姿勢で、〝りっぱに死んでください〟といった」というのだ。この言葉が「前線で死の恐怖と絶望にさらされていた兵士を、後方の人間を代表する女として慰安し、彼らの最期を〈疑似家族〉として見守る役割」を「慰安婦」たちが果たしたとする根拠である。

これは日本軍兵士が語った日本人「慰安婦」についての証言である。だが朴裕河はこの証言を次のように解釈する。

もっとも、朝鮮人日本兵の場合と同じく、彼女たちが「天皇のために」死に行く兵士たちをしっかり「慰安」して戦場に送り出すほどに訓練されていたかと言えば、それはさまざまだっただろう。それでも〈本当の日本人でない〉朝鮮人たちが、〈本当の日本人〉になれるのは、そのようなジレンマに悩むよりは目の前の〈偽りの愛国〉あるいは〈内面化された愛国〉システムが要求した慰安に没頭することによってだったはずだ。そしてその実態はどうであれ、それが彼女たちに残された唯一の選択だったことは間違いない。

日本軍人との恋愛や結婚が可能だったのも、そのようなジレンマを抱えることを諦めた人たちの選択であろう。（七七―七八頁）

この解釈の問題点は明らかである。朝鮮人についての証言ではないにもかかわらず、〈朝鮮人「慰安婦」＝日本人「慰安婦」〉という図式に従って、ただちに朝鮮人もそうであったろうと推測する。前述の田口が語った「お国のために尽くせる」という日本人女性の証言についても、朴は「朝鮮人慰安婦もまた「日本帝国の慰安婦」であった以上、基本的な関係は同じであったとみなければならない」（韓、六二頁）と解釈し、「愛国」的存在を本質とする論拠に用いる。

そもそも右に引用した叙述には幾重もの不可解な点がある。一見、朝鮮人女性たちが「愛国」を偽りと考えていたと朴が認識しているように読める。だが「内面化」とはある特定の価値観を受け入れることを意味する。だとすれば「〈内面化された愛国〉システム」が求める「慰安」に没頭するとは、偽りとすら考えられない状態をさすのではないか。「愛国」を信じたということだ。そのうえ「その実態はどうであれ」とあり、内面についての主張なのか、軍から求められた役割についての主張なのかが曖昧にされてしまう。〈　〉は何らかの特別な意味を持つことを読者に示唆するが、言葉の意味がまったく明らかにされないため、結果的に「彼女たちに残された唯一の選択」の意味がわからないのである。証言者の固有名が消去されたうえ、思わせぶりな〈　〉と矛盾した叙述があわせて提示されるため、読者は混乱せざるをえない。

いずれにしても朴裕河がここで行った証言の解釈に飛躍があることは明白であろう。本来なら証言から論じるべき仮説を、あらゆる史料解釈の前提として証言を解釈する誤謬を犯しているのである。

この誤謬は随所に見出せる。朴裕河は小野田寛郎が自らがみた朝鮮人「慰安婦」たちは「明るく楽しそうだった」、「性的奴隷」のようには見えなかったと主張したことに対し、それは「愛国」の笑みなのだと反論する。「彼女たちなりに「国家」に尽くそうとしてのことなのである」「彼女たちの笑みは、売春婦としての笑みというより、兵士を慰安する役割に忠実な〈愛国娘〉の笑みだった」(二三一頁)と。そして、彼女たちに許された誇りは国のために働く兵士を慰める「役割を肯定的に内面化する愛国心しかなかった」それは「そのような〈愛国〉を、ほかならぬ日本が、植民地の人にまで内面化させた結果」(二三二頁)であると批判する。

小野田の叙述を確認しよう。一九三九年、商社員として漢口に渡った小野田は、自らが見た積慶里の「特殊慰安所」の朝鮮人女性たちについて次のように記す(4)。

朝鮮人の女たちは特色があった。というのは彼女たちは数人で外出してくるのだが、民族衣装ではなく、着慣れないツーピースの洋装のせいで着こなしが悪く、また歩き方にも特徴があって一目で見分けられた。(中略)なにかユーモラスだったが、そんなことに関係なく彼女たちは実に明るく楽しそうだった。その姿からは今どきおおげさに騒がれている「性的奴隷」に該当する様な影はどこにも見いだせなかった。

右の叙述には「〈愛国娘〉の笑みだった」と解釈する手がかりはない。にもかかわらず、朴裕河はただ朝鮮人「慰安婦」の本質は「愛国」的存在だから、それは「愛国娘の笑み」なのだと主張するのだ。前章で指摘したような否定論の事実認識を肯定したうえで「反論」する朴の手法である。漢口・積慶里の「慰安所」に関する研究や証言を参照するわけでもない(5)。

「帝国の慰安婦」論はそもそも論証すべき仮説であるはずだが、朴は検証すべき仮説をあたかも証明された命題であるかのように用いて個々の事例を演繹的に解釈する誤りを犯すのである。「女性たちの声にひたすら耳を澄ませる」こととは程遠い。

3　「兵士たちの声」の復権と「同志的関係」論

1　古山高麗雄と「兵士たちの声」

朴裕河がむしろ重視するのは「女性たちの声」ではなく「兵士たちの声」である。「帝国の慰安婦」論のもう一つの柱、兵士と朝鮮人「慰安婦」が「同志的関係」だったという主張の検討に移ろう。

朴裕河は、軍人に情が移ったという女性たちの証言にふれ、朝鮮人「慰安婦」と日本兵のあいだに「愛と想いの存在（中略）がめずらしくなかったのは、朝鮮人慰安婦と日本兵士との関係が構造的には「同じ日本人」としての〈同志的関係〉だったからである」（八三頁）と主張する。この「同志的関係」論は前述の「愛国」的存在との主張と並ぶ「帝国の慰安婦」論の基軸であり、被害者たちが名誉毀損と訴えた重要な箇所でもある。

「同志的関係」を論じる際、朴裕河が依拠したのは被害者たちの証言と古山高麗雄の小説である。そもそも本書の対象は日本文学の「慰安婦」像ではなく、現実の日本軍「慰安婦」制度であるにもかかわらず、何らの史料批判をへずに事実と小説を同列に扱うことが可能か大いに疑問であるが、朴は古山の文学作品の記述を根拠に、現実の証言を解釈する。具体的にみてみよう。

古山高麗雄は一九二〇年に朝鮮・新義州に生まれた(6)。父・佐十郎は大学卒業後にはじめ安東、後に新義州に移り同地で「古山医院」を開いた開業医で、高麗雄は植民二世にあたる。旧制三高中退後に徴兵検査をうけ、一九四二年一〇月に第二師団歩兵第四聯隊に入隊し、翌四三年にはフィリピンに補充兵として送られた。その後マレー半島、タイを経てビルマ、雲南、ベトナム（サイゴン）、カンボジア（プノンペン）などを転戦、日本軍降伏後はサイゴン北西のチーホア刑務所に収監された後、サイゴン中央刑務所に移されフランス軍による戦犯裁判にかけられる。一九四七年には、ラオスの俘虜収容所における「労役禁止の俘虜使用」の罪で禁錮八ヶ月の実刑判決をうけるも未決期間が一年に及んだことから翌日には釈放され、一〇月には佐世保に復員した。

朴裕河が素材にした「白い田圃」（一九七〇年）、「プレオー8の夜明け」（一九七〇年）、「蟻の自由」（一九七一年）はいずれも、この間の戦地での出来事を「万年一等兵」の視点から描いた小説である。

「プレオー8の夜明け」はサイゴン中央刑務所の「鉄格子」のなかにいる「私」がビルマやカンボジアでの出来事を回想する物語である。「プレオー8」とは「私」のいる雑居房「中庭第八号」のフランス語での呼び名である。ここで「私」はビルマのエイタン村の慰安所であった朝鮮人「春江」を思い出す。「春江」は「私」にいう(7)。

「徴用たと言うんだよ。うち慶尚南道で田んぼにいたんたよ。そしたら徴用たと言て、連れて行くんたよ。汽車に乗て、船に乗たよ。うち、慰安婦なること知らなかたよ。」

悠揚迫らぬ、とはあのことだな。春江には、暗い陰がなかった。愉快そうに笑いながら彼女は続けた。

「運たよ。慰安婦なるのも運た。兵隊さん、弾に当たるのも運た。みんな運た。」

朴裕河はこの場面を次のように解釈する。

ここにはだまされてきたと言いながら、軍人と自分の状況を運命とみなして、軍人と自分を同一視する慰安婦がいる。彼女は日本軍を恨まず、彼女の前には、民族の違いは意識されない一人の軍人がいるだけだ。目の前にいる男性は、あくまでも〈同族としての軍人〉であって、〈憎むべき日本軍〉ではない。彼女が軍人を自分と変わらない〈運命の者〉として共感を示すのは、彼女に同志意識があったからであろう。彼女もまた、自分も軍人も、日本国家によってはるばる遠くまで運ばれてきた「蟻」でしかないのを理解している。（九二頁）

「春江」の言葉から「日本軍を恨まず」「軍人と自分を同一視」する「慰安婦」の姿や「同志意識」を読み取ることは可能であろうか。そもそも「春江」が〈同族としての軍人〉と考えたとする根拠は何か。

実は「同族」という言葉は「プレオー8の夜明け」ではなく「白い田圃」にあらわれる。ビルマ・ネーパン村の慰安所にいた「梅干」とアダ名をつけられた朝鮮人について「おれ」は考える。

おれも、梅干も同じようなものだ。（中略）拉致されて、屈辱的なことをやらされている点では同じだ。梅干は徴用されたとき、コーバ（工場）へ行くのだと思っていたそうだが、私たちが徴兵を拒むことができなかったように、彼女たちも徴用から逃げることができなかったのだ。そんなことを思っていると、どうにも気が滅入ってしまうのだ。彼女たちは同族だ、だから親しくやっていかなければならない、と思ってみても、理屈だけでは親しめなかった。遊郭には通ったのに、慰安所に抵抗を感じるのは、矛盾しているだろうか。いずれにしても私は、一度梅干に接して、もうこんなことはよそうと思った(8)。

すなわち、「同族」は「梅干」ではなく、「おれ」の言葉である。にもかかわらず、それを「プレオー8の夜明け」に登場する「春江」の意識を語る際に用いて、「目の前にいる男性は、あくまでも〈同族としての軍人〉であって、〈憎むべき日本軍〉ではない」と考えていたであろうと解釈する。

朴裕河の解釈には明らかに無理がある。「同族」という言葉や「同志意識」は「春江」や「梅干」のものではなく、「私」「おれ」の言葉だからだ。もしこれらの小説から読み取れるものがあるとすれば、それは「軍人と自分を同一視」する「慰安婦」の姿ではなく、「慰安婦と自分を同一視」する「私」「おれ」の姿である。

しかも朴裕河は古山の記述のうち、自説をくつがえす可能性のある箇所は解釈から除外する。例えば「おれ」が「梅干」と「同じ」だと思うのは、彼女が徴用されてきたと考えるからだ。「春江」も徴用だと語っている。朴裕河は日本軍「慰安婦」の徴集の理解として徴用説をとらないわけだが、この箇所にはふれない。古山は後年のエッセイで「朝鮮人慰安婦は、二十歳前後の者が大半だったのではないだろうか。日本人慰安婦には、年増も多かったような気がする」(9)と回想しており、これは朴が未成年の徴集を例外的とみなす説と矛盾する可能性があるがこれにもふれていない。

朴裕河はこのように自説に都合の悪い箇所は捨象しながら、兵士の意識を女性たちの意識であるかのようにすりかえる。そして「兵士たちの声」に依拠して、兵士と女性たちの関係性を次のように解釈する。

> 慰安婦が、国家によって自分の意思に反して遠いところに連れていかれてしまった被害者なら、兵士もまた、同じく自分の意思とは無関係に、国家によって遠い異国の地に「強制連行」された者である。兵士が慰安婦に対して、男性であり日本人であることで、権力関係で上位にいたとしても、そして赤紙という書類が必要だったかどうかの違いのため(中略)非対称的構造が依然存在していたとしても、それは変わらない。しかも慰安婦が「性」を提供する立場であったなら、兵士は「命」を提供する立場だった。どちらも国家によって〈戦力〉にされているのである。(八九―九〇頁)

それゆえ朴は「慰安所は、兵士と慰安婦がともに流すことのできる「涙の空間」」(八七頁)であり、「〈国家勢力拡張=帝国〉を支えるべく集められた若い青年や娘たちの羞恥(中略)と憐憫の感情を媒介に、〈感情の連帯〉が許されうる空間」(八八頁)というのだ。古山の小説にあらわれる「私」「おれ」の視点そのものといえよう。

だが兵士と「慰安婦」女性たちの軍での位置は決して同じではない。女性たちはまさしく「モノ」として扱われた。日本軍「慰安婦」制度が「性奴隷制」と呼ばれるゆえんである。かつて大越愛子は、鶴見俊輔が戦地から日本に帰れないことがわかった一八歳くらいの兵士が「四〇歳くらいの慰安婦を抱いて」「慰めてもらう」ことを例に「私はそれを愛だと思う」と記したに対し、「問題を人間関係に回収する言説戦略」であり「個々の人間を超えて作動している、圧倒的な構造的暴力を問題化する姿勢は見られない」と批判したが(10)、朴裕河にもこの批判はそのままあてはまる。

つまり、本書が試みたのは、「兵士たちの声」の復権なのである。一九九〇年代の被害者たちの証言が揺るがしたのは、「兵士たちの声」だけで語られ続けきた「慰安婦」認識そのものであった。日本軍「慰安婦」制度という構造的な性暴力システムのもとで「愛」を語れてしまう兵士たちの精神構造が問われたのだ。

だからこそ多くの元兵士たちは戸惑いや反発を示した。古山も被害者たちが名乗りでて日本の責任を告発したとき、かつて知った「春子」や「松江」を思い出しながら「日帝に対して、はたまた自分の人生や運命について、どんなことを考えているのだろうか。彼女たちの被害を償えと叫ぶ正義の団体に対しては、どのように思っているのだろうか」と戸惑いを隠せず「とてもとても想像の及ばぬことだ」と現にあらわれた証言者たちの声に向き合うことから逃避するほかなかった(11)。

『帝国の慰安婦』はこの戸惑いを鎮め、「春子」を懐かしむ「私」を慰撫する効果を生むだろう。直接に「兵士たちの声」を正当化するのではなく、文学作品の解釈により、あたかもそれが「女性たちの声」であったかのように表象する。元兵士たちがみた風景は、彼女たちの風景でもあったのだ、実際の被害者たちの声は背後の「支援団体の声」にすぎず、あれは本当の「声」ではないのだ、と安堵するであろう。もちろん「兵士たちの声」に同一化する人びともである。本書を「不動の恒星のように、揺れることのない基軸」と絶賛する高橋源一郎が、「それは、ほんとうに「彼女たち自身のことば」だったのだろうか」と古山の戸惑いに共感したのは、本書を肯定的に消費する男性の心性を知るうえで非常に示唆的である(12)。

2　否定論者の言説と「同志的関係」論

本書が「女性たちの声」に耳を澄ますという名のもとに試みたことは、実際には一九八〇年代以前の「慰安婦」認識への回帰である。「同志的関係」論もこの文脈で理解しなければなるまい。朴裕河は「否定者たちが単なる「売春婦」像にこだわるのは、対等ではなかったはずの植民地人が〈同志〉だった記憶を消し去りたいような、朝鮮人と売春婦に対する二重の差別感情による」(二七五頁)と、あたかも責任否定論者たちが「同志」という位置づけを否定するかのようにいうが、これは誤りである。

日本政府が「おわび」をせざるをえなくなったとき、否定論者たちがただちに示したのは「当時は日本人として戦争に協力したではないか」という反発であった。上坂冬子は宮沢訪韓(一九九二年一月)の直後に書いた「慰安婦は〝日本人〟だった」というエッセイで、「「慰安婦」問題は「人種差別」ではなく、「多数の日本本土出身の女性と朝鮮半島出身の女性が、〝差別なく〟従軍慰安婦として採用されて日本軍を慰安し、報酬を得た。そもそも、韓国人従軍慰安婦などという言葉そのものにまちがいがある。(中略)正しくは元日本人従軍慰安婦というべきであろう」と批判した(13)。同時期に黒田勝弘も「日本の戦争に高揚させられ、「日本国民」として頑張ったことも含め、今から考えて嫌な話はみんななかったことにしてしまったのだろうか」とコラムで記している(14)。

植民地支配下の敵対関係を消去するこうした認識は、三一独立運動後に「一視同仁」が語られたことをみてもわかるように、植民地支配下で繰り返されたイデオロギーである。朴裕河のいう「同志」なる言葉が含意するのも、文字通り同じ志(=目的)を共有する対等な関係性であり、そこでは「慰安婦」と兵士の敵対関係は消去される。

「お国のため」という目的を共有する関係性と解釈されるからだ。これは上坂や黒田の植民地認識と親和的である。本書が「リベラル」を含む日本の論壇全体に高く評価されるのは、こうした右派の植民地認識が日本社会全体に拡散しているからではないだろうか。

ところが朴裕河は最近になり「同志的関係」に対しまったく別の説明を加えている。在宅起訴後の記者会見で朴は「〈同志的関係〉という単語を用いた第一の理由は、朝鮮は他の国とは違い、日本人の植民地支配をうけ〈日本帝国〉の一員として動員されたという意味で」あり、そのなかでの「総体的な姿を示す」ことで「表面的な平和のなかに存在した差別意識、帝国の支配者の差別意識もみることができる」と説明した(15)。

だが以上にみてきたように、この説明は誤りである。本書は日本が外的な力で「同志的関係」に組み込んだことのみを問題にしているのではない。女性たちと日本人兵士のあいだに「同志的関係」があったとし、女性の内面においても「同志意識」があったことを、日本軍「慰安婦」制度を理解するうえでの核心的要素であると主張している。とりわけ被害者たちにとって過酷なのは、本書はこうした「記憶」を女性たち自らが解放後の韓国で生きるために抑圧し隠蔽した、と一般化して記していることだ。このような本書の主張が一般的に受け入れられるならば、女性たちのあらゆる異議申立ては無化されてしまうだろう。

また、第二の理由として「朝鮮人慰安婦を徴兵された朝鮮人たちと同じ枠組みでみなすことになれば」「日本に対する謝罪と補償の要求がより明確になるから」と説明したが、これも本書の内容とは異なる。「同志的関係」はあくまで日本人日本兵との関係において使用されている。恩給法や遺族等援護法から朝鮮人元軍人・軍属が排除されたことは周知の事実であり「彼ら（徴兵された朝鮮人：引用者注）ですら補償された法の保護」が何をさすのかも不明確であるが、いずれにしても本書の「同志的関係」論とは無関係である。

4　「女性たちの声」の歪曲と簒奪

1　証言の歪曲

以上から朴裕河の主張――「愛国」的存在、「同志的関係」であった――が我田引水式の史料解釈と循環論法を用いた、方法的にも歴史的な実態においても到底成り立ちえないものであることがわかる。そしてこうした強引な史料解釈を行ったがゆえに、証言や史料をまったく誤読し歪曲する例すらある。

ここで『帝国の慰安婦』が用いた証言がいかなるものかについてふれておかねばならない。朴が主として依拠したのは挺対協と挺身隊研究所が元「慰安婦」被害者たちに聞き取りを行い出版した証言集である。「朴がやろうとしたのは、慰安婦たちひとりひとりの、様々な、異なった声に耳をかたむけることだった」（高橋源一郎）と紹介されたため誤解のおそれがあるが、朴裕河は被害者たちに聞き取りをしてこの本を書いたわけではない。日本語版「参考文献」には「元慰安婦数人へのインタビュー（二〇一三・秋から冬）」とあるが直接的には用いていない。

朴裕河は本書で韓国における「記憶」の「隠蔽」を語り、あたかも自らがそれを明らかにしたかのように記しているが、その証言を聞きとり公開したのは挺対協や挺身隊研究所だった。もし本当に挺対協がこれらの「記憶」を「隠蔽」していたならば、証言集からその事実を読み取ることは不可能だったはずだ。朴が「異なった声」を知ることができたのは、他ならぬ挺対協の長年にわたる証言聞き取り活動の結果であることは明記しておかねばなるまい。

本書の証言解釈には、前述した自らの図式にあてはめる演繹的手法の誤謬があらわれている。しかもその解釈は相当に強引である。例えば「慰安所」での阿片使用について朴裕河は「阿片は、一日一日の痛みを忘れるための手段だっただろう。しかし、証言によると、ほとんどは「主人」や商人を通じた直接使用だった。軍人と一緒に使用した場合は、むしろ楽しむためのものであったとみなければならない」（韓、一三〇頁）と指摘する。「慰安婦」たちも軍人と「楽しむため」に使っていた面があったというのだ。

ところが、実際の証言は「軍人たちがこっそり打ってくれたんだけど、一緒に阿片を打ってあれをやると、すごくいいって言いながら、女にも打って、自分たちにも打って、そうしたんです」というものである(16)。むしろ一度だけやってみたが、人生が終わってしまうと考え二度とやらなかったと語っている。軍人が自分たちが「楽しむために」阿片を「慰安婦」にも打ったことを証言しているのは明らかだ。にもかかわらず朴は女性たちが軍人と「楽しむため」に使ったと話を逆転させてしまう。梁澄子の指摘するとおり、これは「慰安所というものをあまりにも牧歌的にとらえる幻想から出るもの」といえよう(17)。

2　証言の簒奪

本書の証言の扱いの問題点はこうした誤った解釈にとどまらない。証言を恣意的に選別し、自らの政治的主張を代弁させるケースすらある。朴裕河は「日本人に抑圧はされたよ。たくさんね。しかし、それもわたしの運命だから。わたしが間違った世の中に生まれたのもわたしの運命。私をそのように扱った日本人を悪いとは言わない」という証言をとりあげ、次のように指摘する。

慰安婦の体験を「運命」と話す人は、小説の中にのみいるわけではない。現実の慰安婦のなかにも、自分の体験を「運命」とみなすひとはいた。自分の身に降りかかった苦痛を作った相手を糾弾するのではなく、「運命」ということばで許すかのような彼女の言葉は、葛藤を和解へと導くひとつの道筋を示している。そのような彼女に、彼女の世界理解が間違っている、とするのは可能だが、それは、彼女なりの世界の理解の仕方を抑圧することになるのだろう。何よりも彼女の言葉は、葛藤を解く契機が、必ずしも体験自体や謝罪の有無にあるのではないことを教えてくれる。

しかし、被害を受けた側のこのような姿勢や態度は、これまで注目されることがなかった。(九二—九三頁)

この記述は日本語版にのみ存在するが、追加されたこの箇所には、本書のもっとも本質的な問題が凝縮している。あらかじめ「彼女(証言者：引用者注)の世界理解が間違っている」というずれた反論を対置するが、もし問われることがあるとすれば、それは、証言者の言明ではなく、それを「『運命』ということばで許すかのような彼女の言葉は、葛藤を和解へと導くひとつの道筋を示している」という鋳型へと流しこむ朴自身の「世界理解」である。書き手の責任を証言者の責任にすり替えるべきではない。

朴裕河はあえてこの「声」を紹介したのは、「そう語った慰安婦が存在した事実、だがその声が聞こえてこなかった事実を伝えたかっただけだ」という(18)。だが「女性たちの声にひたすら耳を澄ませる」と言いながら、この証言についての扱いはあまりに乱暴である。

この証言は黄順伊さんのものである(19)。黄さんは一九二二年に慶尚南道河東に生まれた。父が一二歳のときに亡くなり母が四人の子を育てた。学校には行けず「学べなかったのが恨《ハン》だ」という。一九三四年に友達と山に遊びに行くと、トラックで日本人と朝鮮人の男二人が近づいてきた。二人にお菓子を差し出して「ついてきたらご飯も白い米も肉のおかずもおやつもあげる、服もいいものを着せてあげる」といわれ凶作で飢えていたのでついて行ったという。男たちは自分を誰かに渡して金をもらって消え、五〇歳くらいの朝鮮人の男に連れられて汽車で内蒙古の軍慰安所に連れていかれた。その間、食べ物はもらえず飢えて死にそうだったという。

慰安所に入れられた年、肩に二つ星のある軍人に無理やり押し倒されそうになり、黄さんは必死にふりはらったという。軍人は酔っ払っており、日本語もわからないので逃げようとしたら、その軍人は銃台で黄さんの頭をめちゃくちゃに殴った。「頭がとれてしまうかと思った」という。黄さんはそのまま気絶し、慰安所の主人が薬局に自分を放り出すだけで満足な治療も受けられなかった。聞き取りをした奥山陽子によると、黄さんの脳天にはこのため手のひらほどの広さの窪みがあるという。黄さんはその後一生偏頭痛を患った。

「運命」という言葉はこの話の直後にあらわれる。重要な箇所なので引用しよう（下線部は朴裕河が引用した箇所である）(20)。

私は口が上手じゃなかったからうまくも言えないし、私は思った通りにしか言えない人間だから。日本人に抑圧はされたよ。たくさんね。しかし、それも私の運命だから。私が間違った世の中に生まれたのも私の運命。私をそのように扱った日本人を悪いとは言わない。同じ韓国人だけど韓国人が主人になってからどれほど私を殴ったかわからない。客をとらないからって。股が痛くて死にそうなんだ。たくさん涙も出てくる。ご飯も食べられない。夜は軍人が来ないから自分の世界だと思えて大丈夫なんだけど、夜が明けると軍人が来ると思うと、ただそのまま地獄に入るような気がする。地獄で生きているみたいだ。軍人たちが怖くて。（中略）いま思うとなんであんな目にあったのかと思う。私は犬も同じだ。

果たしてこの証言は「自分の身に降りかかった苦痛を作った相手を糾弾するのではなく、「運命」ということばで許すかのような」言葉であろうか。「苦痛を作った相手」とは、自分を銃台で殴り続けた軍人をさすが、黄さんの力点は「運命」にあり、許しではない。「悪いとは言わない」とはあるが、「許す」とは一言も語っていない。黄さんは日本の軍人に対し「アイグ、日本の軍人のことを考える本当に恨めしい。恨めしいのは恨めしいけど、あの軍人たちもみんな死んだはずだよ」と最後に語っている(21)。黄さんはその後、内蒙古から香港を経由してシンガポールに連れていかれ、そこで解放を迎え朝鮮に帰った。

カミングアウトした後も、黄順伊さんは「許し」どころかむしろ日本の謝罪と補償を求め続けた。挺対協とともに水曜集会にも参加した。二〇〇六年一二月一三日には、米下院議長に公開書簡を送った「慰安婦」被害者六人のうちの一人でもある。公開書簡は「私たちは戦争が終わった後も私たちが被った残酷なことについて語ることができず、ほとんどの全人生を傷と恨《ハン》を抱いて暮らしてきました。精神的にも肉体的にも病んだ私たちの生は本当に辛い日々でした」とこれまでの人生を綴り、米国議会でロビー活動をする日本政府を「歴史の真実を隠し無くすための不正義な態度」と断じたうえで、米下院が日本軍「慰安婦」問題について決議することを求めた(22)。

驚くべきことに、朴裕河は証言の断片を引くだけで、これらの黄さんに関する事実を一切本書では記さない。そもそも証言者たちの名前は一切明らかにされない。黄順伊さんは二〇〇七年に他界しており、おそらく朴裕河も面識はないだろう。筆者にしても証言録だけを読み黄さんの言葉を「解釈」することには慎重でありたいが、朴裕河の解釈があきらかに自らの願望に沿った無理な読みであることだけは確かであろう。

一方、朴裕河は被害者の日本への責任追及に対しては、根拠なき誹謗を投げつける。「「天皇が私の前にひざまずいて謝罪するまで私は許せない」（中略）と話す慰安婦の言葉」について、次のように批判する。

……韓国は、〈道徳的に優位〉という正当性による〈道徳的傲慢〉を楽しんできた。「被害者」に対しては疑問を提起しない、人権をめぐる意識構造に安住してきたともいえるだろう。それは、表面的に脱帝国主義の顔を持っていたが、そのような志向性が、罪を犯してしまった加害者の羞恥と悔悟を理解しようとしたことはない。傲慢は、想像力に乏しい。そしてそのような傲慢と糾弾は相手をかえって萎縮させる。そういった道徳的志向性が、相手の屈服自体を目指す支配欲望のねじれた形になったこともしばしばあった。（中略）

しかし、屈服させたい――ひざまずかせたい欲望は、屈辱的な屈服体験のトラウマによる、もう一つの強者主義でしかない。また、大日本帝国の第二者として欧米連合軍捕虜を虐待した歴史を思い起こすと、そのような欲望が目新しいものでもないことが分かる。それは、植民地化の傷が作った、ねじれた心理構造と言うべきだろう。（二九九―三〇〇頁）

天皇に責任を求めることは「屈服自体を目指す支配欲望」であるという。「加害者の羞恥と悔悟」には限りない「理解」を寄せ、被害者の証言から言ってもない「許し」を想像する一方で、はっきりと「許せない」と語った被害者に対しては、これほどまでに貶める。朴裕河の批判は全人格の否定であるため「許せない」と語った被害者の名をあげることは避けるが、この被害者もまた、前述した黄順伊さんと共に水曜集会に立ち、米下院決議を求める公開書簡に名を連ねたことは明記しておきたい。実際には連帯して苦しみのなか戦ってきた被害者の言葉を、朴裕河は自らの都合のいいように抜き取り分断させるかのように「解釈」するのである。これは学説の問題ではなく、倫理の問題である。

さまざまな「声」を通じて朴裕河が語ろうとしたことは何か。「そう語った慰安婦が存在した事実」を知らせるためとはいえないのではないか。「女性たちの声にひたすら耳を澄ませる」のではなく、自らの政治的立場を証言により「代弁」させたとみなさざるを得ない。朴は明確に、植民地支配を「不正義」と認識してこれを批判・糾弾する立場を放棄するよう被害者たちに求めている（しかも「証言者」の言葉を借りて）。それは、日本人に対して「帝国」の側からの憐憫と同情を示すことを促すかのような「愛国」「同志」の強調と見事に対応しているのである。

4. 日韓会談と根拠なき「補償・賠償」論

1　被害者たちが補償を受ける機会を奪ったのは韓国政府だった？

繰り返すまでもなく、慰安婦たちの多くが過酷な人権蹂躙的状況にいたことが確かな以上、そのことに対して後世の人によるなんらかの謝罪と補償が行われるのは当然のことである。しかし韓国憲法裁判所の決定は、個人が被害補償を受ける機会を奪ったのは日本政府ではなく韓国政府だったこと、そして九〇年代にもう一度日本政府による補償が行われ、相当数の慰安婦が日本の補償を受け入れたことは見届けていないようだ。（一九三頁）

日韓会談で「慰安婦」たち個人の請求権を放棄したのは、韓国政府だった——本書のなかでもとりわけ目を引く主張である。

朴裕河が批判する韓国憲法裁判所の決定とは、二〇一一年八月三〇日の決定をさす。憲法裁判所はここで、「慰安婦」被害者たちの請求権が依然として存在する可能性を指摘した。これをうけて二〇一一年一二月の日韓首脳会談で、李明博大統領（当時）は、野田佳彦首相（当時）に「慰安婦」問題の解決を提案し再び「慰安婦」問題は日韓両政府間の重要な議題として浮上することになる。本書はこの決定を批判し、日韓会談で韓国政府が「慰安婦」たちの個人請求権を放棄したと主張する。のみならず日本政府は日韓協定の結果、韓国政府に「補償」「賠償」を支払ったという。

これが事実としたら、日韓関係史の認識は大幅に修正を迫られることになる。果たして本書の主張にはいかなる根拠があるのか。本章では、『帝国の慰安婦』の日韓会談論を検討しよう。

2 〈一九六五年体制〉と『帝国の慰安婦』

1 〈一九六五年体制〉の動揺

『帝国の慰安婦』の「補償」「賠償」理解を検討する前提として、近年の〈一九六五年体制〉の動揺にふれておく必要がある。二〇一〇年代に入り、日韓請求権協定に対し韓国の司法は新しい判断を示すようになり、これは日本軍「慰安婦」問題にも密接に関連するからだ。

周知の通り日本と韓国は一九六五年に日韓基本条約及び関連する四つの協定を結んだ。このうち「慰安婦」問題に関連するのは「財産及び請求権に関する問題の解決並びに経済協力に関する日本国と大韓民国との間の協定」（以下、「請求権協定」と記す）である。

この協定の第二条第一項は両国は「両締約国及びその国民（法人を含む。）の財産、権利及び利益並びに両締約国及びその国民の間の請求権に関する問題が、一九五一年九月八日にサン・フランシスコ市で署名された日本国との平和条約第四条(a)に規定されたものを含めて、完全かつ最終的に解決されたこととなることを確認する」とした。日韓両政府は長らくこの協定のいう「完全かつ最終的」な「解決」という合意を前提に関係を構築してきた。日韓請求権協定を前提としたこうした両政府の関係を〈一九六五年体制〉と呼ぶことにしよう。〈一九六五年体制〉は「慰安婦」問題をはじめとする一九九〇年代に取り組まれた戦後補償裁判の最大の壁となった。日本の司法は国家無答責論、除斥論、時効論など様々な法律論により補償要求を退けたが、そのもっとも奥に位置するのが請求権協定の「完全かつ最終的に解決された」という規定だったからだ。

このため戦後補償を求める被害者たちは、日韓会談の真相を明らかにするために、会談文書の開示を求めた。二〇〇二年一〇月、韓国の戦時強制動員被害者一〇〇名が日韓会談文書の開示を求めて訴訟を起こし、原告の要求した文書の一部について公開を命じる判決が下された（二〇〇五年一月公開）。さらに盧武鉉政権は日韓会談関連文書の全面公開を決定し、二〇〇五年八月には韓国側文書一五六件三万六〇〇〇枚を公開する。他方、日本では二〇〇五年一二月に「日韓会談文書・全面公開を求める会」が結成され、外務省を相手に文書公開を求める訴訟が起こされた。その後、二〇一二年一〇月の日韓会談文書の開示に関する東京地裁判決を契機に、外務省は日韓会談と財産請求権についての文書を徐々に開示するようになり、日韓会談研究と戦後補償裁判は新たな局面に入り、「慰安婦」問題が日韓会談においてほとんど議論されていないことが明らかになった。二〇一〇年代に入り韓国の司法が〈一九六五年体制〉を修正するかのような判断を示しはじめた一つの背景には、こうした日韓会談研究の進展にある。

これをうけて韓国の憲法裁判所は二〇一一年八月三〇日、日韓両国間には日韓請求権協定により元「慰安婦」女性たちの請求権が消滅したか「否かに関する韓・日両国間の解釈上の紛争」が存在し、これを「協定第三条が定めた手続きに従って解決しないでいる被請求人の不作為は、違憲である」との決定を下した。韓国政府はこれをうけて日本政府に「慰安婦」問題の解決のための協議を申し入れる。また、二〇一二年五月二四日には植民地支配を

「不法な強占」と位置づけ、日本の国家権力による反人道的不法行為に因る個人の損害賠償請求権は、一九六五年の日韓請求権協定で「完全かつ最終的に解決された」（第二条1）対象には含まれない、とする大法院判決も下された。韓国司法のこうした動向は、従来の韓国政府の日韓協定解釈——すなわち〈一九六五年体制〉に根本的な修正を迫るものであった(1)。

ところが、本書のこれらの変化に対する評価は低い。『和解』においても朴裕河は「韓日協定の不誠実さを取り上げて再度協定の締結や賠償を要求することは、一方的であり、みずからに対して無責任なことになるだろう」(2)と、日韓協定の見直しには消極的だったが、本書でも韓国憲法裁判所の決定について「その後の「外交的解決」の試みは、日韓関係を悪化させただけだった」（一九六頁）ときわめて否定的である。

〈一九六五年体制〉は、日韓政府の「合意」により多くの植民地支配と侵略戦争の被害者の声を封じ込めるものであった。本書に「植民地主義、帝国主義にまで視野を広げて問題をとらえる鋭さ」（中沢けい）があるのならば、その見直しに積極的になってもおかしくないはずだ。だが朴裕河はそのような立場はとらず憲法裁判所決定を全面的に批判し、日韓会談で元「慰安婦」らの権利を進んで放棄したのは韓国政府であった、と主張する。

2　憲法裁判理解の誤りと藍谷論文の誤読

本書の第2部第4章「韓国憲法裁判所の判決を読む」は、憲法裁判所の決定（以下、「決定」と記す）を全面的に批判した章である。朴裕河の主張を端的に知ることができる箇所を以下に引こう。

この請求（元「慰安婦」被害者らによる憲法訴願：引用者注）の根拠は最初にあるように「婦女売買禁止条約」に日本が違反したというところにあった。（中略）しかし人身売買の主体はあくまで業者だった。日本国家に責任があるとすれば、公的には禁止しながら実質的には（中略）黙認した（中略）ことにある。そして、後に見るようにこのような「権利」（日本国家に損害賠償を請求する権利：引用者注）を抹消したのは、韓国政府でもあった。

実際に、このとき外交通商部は、被害者が日本の賠償を受けるように動くことが政府の義務ではなく、政府が憲法違反をしているとは言えないと、強く反論している。（一八〇頁）

すでにみたように朴裕河は人身売買の主体は「業者」「中間業者」であったため日本国家に法的責任を問えないと主張するが、「決定」批判にもこの理屈が用いられている。「日本国には、需要を作った責任（時に黙認した責任）しか問えなくなる。そういう意味でも、法的責任を前提とする賠償要求は無理と言うほかない」（一九一頁）というのだ。

朴裕河の「決定」批判の特徴は、このように日本軍「慰安婦」制度に関する事実認定のレベルで日本国家の責任を否定するところにある。だがこれは憲法訴願の争点についての錯誤に基づいている。

そもそも憲法訴願の争点は日本軍「慰安婦」制度における日本国家の責任の有無ではなく、日韓請求権協定第三条に規定された解決のための措置を韓国政府が取らないという「不作為」が、憲法違反かどうかにあった。ところが朴裕河は業者主犯説に基づき日本国家の責任を否定する。前述の通り、朴裕河は日本軍の責任はあくまで「需要を作った責任」あるいは人身売買を「黙認した責任」に留まり、これらの「責任」ある行為についても法的責任は問えないとの立場を明らかにしているため、朴裕河は請求人たちの賠償請求権をそもそも認めない立場であることになる。

これは被請求人であった韓国政府の立場とも異なる朴裕河独自の主張である。朴は「五年もかかった裁判の末に、裁判所は訴訟者たちの味方になった。裁判所が、日本国家だけを責任主体とする考えに同調した形となる」(一八〇頁)と、あたかも韓国政府が自らと同様の主張をしたかのように記すが、被請求人である韓国政府はこのような反論をしたわけではなく、韓国政府の外交が請求人の基本権を侵害しているわけではないと述べたにすぎない。本節冒頭の引用では前半を証明する論拠として外交通商部の主張があるように記されているが、「実際に」はこの二つの段落はまったく違うことを論じているのだ。

そもそも、「決定」が引いているように、韓国政府は過去に日韓請求権協定によっては「日本政府等、国家権力が関与した『反人道的不法行為』」は解決しておらず、「日本政府の法的責任が認定される」という立場を示している(二〇〇五年八月二六日「民官共同委員会」決定)。「決定」への少数意見を述べた裁判官の主張を朴は自らの主張――請求人にはそもそも賠償請求権がない――に同調するものであるかのように引くが(一九五―一九六頁)、あくまで韓国政府の義務について論じたのであって、請求人たちの賠償請求権を否定したわけではない。

しかも、朴裕河は賠償請求権を否定するに際し、藍谷邦雄の論文(3)を引用したうえで、「たとえ人身売買を日本国家主導でやったとしても、それに対する損害賠償を求めるのは不可能」「結局、挺対協の主張する法的賠償の根拠はない」(一九四―一九五頁)と断定する。

だが、実際には藍谷論文はこのような主張をしたわけではない。藍谷は国際法に基づく日本軍「慰安婦」裁判の原告の主張について、違法性の根拠として「婦人及び児童の売買禁止に関する国際条約」をあげたことを「国際法上も『慰安婦』制度を違法行為と認定すべき根拠であることに、争う余地はなかった」と評価する。ただし、同条約はあくまで違法性の根拠であるため、「この条約が損害賠償をすべしという根拠にはなりえないことは、止むをえないところである」とも指摘した(4)。朴が「損害賠償を求めることは不可能」の論拠としたのはこの箇所である。

藍谷論文はあくまで「婦人及び児童の売買禁止に関する国際条約」は違法性の根拠であるため、賠償については別の法規によって主張しなければならない、と述べたにすぎない。それどころか、藍谷論文は国際法による主張について、従来国は個人の請求権を認めてこなかったが「今や、近時のいろいろな人権条約では、個人の国際法上の法主体性が当然視されるところまで、深化した」と評価する(5)。国はこれまで、ハーグ条約及びＩＬＯ条約に基づく損害賠償請求に対し個人は国際法の主体ではないとの論法で斥けてきたが、近年の人権条約は「個人の国際法上の法主体性を当然視」するに至っており、国の論法はこうした国際法の発展から逸脱するものであると藍谷は批判したのである。節の結論にあたるこの箇所にまったくふれず、逆の立論のために藍谷論文を引用していることになる。

この批判に対し、朴裕河は「「婦人及び児童の売買禁止に関する国際条約」をもとにしては、「慰安婦制度を違法にはでき」ず、よって損害賠償を得られないという藍谷の指摘に共感したにすぎず、「責任がない」というために引用したわけではない」と反論するが(6)、この弁解は筆者の批判を理解していない。藍谷論文は右の国際条約は違法性の根拠にはなりうるが損害賠償の根拠にはならないため、ハーグ条約・ＩＬＯ条約に基づく損害賠償請求について論じたのである。「慰安婦制度を違法にはでき」ないなどとは主張していないのである。

3　日韓会談と請求権問題

1　「慰安婦」被害者の請求権を「抹消」したのは韓国政府？

前述したように、朴裕河は日本軍元「慰安婦」女性たちの「「権利」を抹消したのは、韓国政府でもあった」と主張する。元「慰安婦」女性たちの請求権は日韓会談で韓国政府によって放棄されたというのだ。

日本軍元「慰安婦」「個人が被害補償を受ける機会を奪ったのは」韓国政府であるとの主張は事実なのだろうか。もし事実ならば、日韓会談研究におけるきわめて重要な発見であることは疑いを容れない。日韓請求権協定において「完全かつ最終的に解決された」とされた「財産、権利及び利益並びに両締約国及びその国民の間の請求権」が一体何をさすのかは、日韓会談研究におけるきわめて重要な論点であったが、元「慰安婦」女性をめぐる問題に関する議論の有無は明らかになっていないからだ。近年公開された日韓会談関係文書からも、一九五三年の会談で韓国側委員が占領地から引き上げた朝鮮人の「預託金」を議論する文脈で、「韓国女子で戦時中に海軍が管轄していたシンガポール等南方に慰安婦として赴き、金や財産を残して帰国してきたものがある」と述べたことが指摘されるに留まっており詳細は明らかではない(7)。

それでは朴裕河は何を根拠にかかる主張を展開したのか。本書が出典としてあげたのは金昌禄の論文「一九六五年韓日条約と韓国人個人の権利」である(以下、「金昌録論文」と記す(8))。

金昌禄論文は、一九六五年の日韓条約及び諸協定の調印により「韓国人個人の権利がいかに処理されたのか」(9)、両国政府が「何を「合意」したのか」(10)を主として韓国側公開の会談関連文書を用いて探ることを課題とする。

金昌禄によればこの問いに直接かつ明確に答えうる資料は韓国側公開の資料からは見出せないが、「糸口」となる資料はあるという(11)。一九六一年の予備会談及び第六次会談での「被徴用者」をめぐるやりとりである。日韓予備会議に先立ち、韓国側は「韓国の対日請求要綱」を提示して「弁済を請求する」「請求権」として五項目を示した。このうち「被徴用人未収金」をめぐり日本政府が、(1)国交正常化後に、(2)日本法(国民徴用令、工場法、援護法)で認められるものに限り、(3)「個別的に解決する」ことを提案したのに対し、韓国側は、(1)正常化前に、(2)日本法以外の「新たな基礎のもと」で「被徴用者の精神的、肉体的苦痛への補償」を、(3)韓国政府への一括支払することを求めた(12)。

朴裕河が元「慰安婦」女性たちの「「権利」を抹消したのは、韓国政府でもあった」と主張する根拠はこのやりとりである。「韓国政府がこのとき日本の意見を受け入れて個人補償部分を残しておいたなら、ほかの被害者もそれぞれ〈適法〉な補償を受けることが可能だったかもしれない。しかし韓国政府はそうはしなかったし、これまで慰安婦や被害者たちがほとんどの裁判で負けた理由はまさにここにある」（一八八頁）と主張する。

なぜこのような解釈が可能なのだろうか。そもそも金昌禄論文が扱った日韓間の議題は「被徴用者の未収金」問題であって、日本軍「慰安婦」問題ではない。何より金昌禄が指摘するように、ここでの日本側代表の提案の趣旨は、補償を日本の「法律上有効に成立したものに限」り、日本の法が想定しない「被徴用者の精神的、肉体的苦痛への補償」は一切不可であると主張するためのものだった(13)。これは、金の指摘するように「関連資料の多くが消失し、韓国人が日本国内の法的手続を踏み支給を受けることが容易ではないことを考えると、事実上補償を有名無実化しようとする主張であった」(14)といえる。

日本側公開文書を用いた近年の研究でも、日本側は強制動員された労働者や軍人・軍属の補償問題についても「法律的根拠」がないとして韓国の補償要求を拒否し、支払いや調査の対象をあくまで「軍人軍属徴用者」の「未払い金」や「恩給」に限ったことが明らかになっている(15)。日本法はいうまでもなく元「慰安婦」を軍人・軍属として扱っておらず、この条件のもとで補償の対象となることはありえない。朴裕河の仮定自体が成り立たないのである。

むしろ金昌禄論文は、韓国側代表が会談で議論されなかった問題について、請求権行使の余地を残そうと試みたケースを紹介している。第六次会談では、韓国側は先に示した請求権要綱の内容に関連して、「要綱第一項乃至第五項に含まれないものは、韓日会談成立後であっても個別的に行使できることを認めること。この場合には、国交正常化まで時効が進行しないものとすること」を提案した。その理由は、「議題に入っていないにもかかわらず、会談が成立したからとこうした個人の請求権がなくなるのは困難な問題ではないか。よって、この場合には会談とは関係なく個人間の請求または裁判所への訴訟を提起できるようにしよう」というものだった(16)。だが日本側は、あくまで会談により請求権問題を完全に終結させるという立場を譲らなかった。

このように金昌禄論文は日本軍「慰安婦」問題などの、会談では議論されなかった問題に関する請求権行使の余地を残そうとした韓国側代表の提案を指摘したのにもかかわらず、朴裕河はここでもそれとは真逆の主張――韓国政府こそが日本軍「慰安婦」などの請求権を進んで放棄した――を展開するために用いたのである。

朴裕河はこの批判に対し、次のように反論した(17)。

金昌禄が指摘したように、当時論議されたのは「被徴用者の未収金」であったし、鄭栄桓自身がいうように、当時の慰安婦に関する論議はただ「未収金」だけが問題視されたのだろう。だがいまや慰安婦が「軍属」であったとする資料も出てきたのであるから、私の論拠に依拠するならば、日本が慰安婦を「軍属」として認定することもできるだろう。朝鮮人日本軍すら補償を受けられる「法」が存在したが、慰安婦たちにはそうした「法」は存在しなかったし、そうした認識は慰安婦に関する「補償」を引き出すことができるというのが私の主張であった。

「慰安婦」は軍属だったのだから「被徴用者の未収金」問題に含まれる、と主張したいのであろうか。この反論の問題は三つある。

第一に、筆者の指摘は「慰安婦に関する論議はただ「未収金」だけが問題視された」というものではない。被徴用者の未収金は議論されたが「慰安婦」については議題になっていないと主張したのである。

第二に、少なくとも現在に至るも日本政府は「慰安婦」を軍属とは認めておらず、日韓会談時においても同様である。にもかかわらず「被徴用者の未収金」問題に含まれると考える根拠は不明である。そもそも朴裕河自身「慰安婦」について軍属とは理解していないはずである。朴の理解によれば、「慰安婦」は軍の要請を受けて民間業者が設置した戦地公娼制になるはずだから、当然そこでの「慰安婦」たちの身分は軍属ではないという理解になるだろう。反論のための反論になっており、論旨が混乱している。

また、旧日本軍に属した朝鮮人軍人や軍属への補償とは何をさすのであろうか。周知の通り、恩給法と戦傷病者戦没者遺族等援護法には国籍条項・戸籍条項があり、一九五二年四月二八日のサンフランシスコ講和条約の発効に伴い日本国籍を喪失した旧植民地出身者は補償の対象外であった。二〇〇一年に「平和条約国籍離脱者等である戦没者遺族等に対する弔慰金等の支給に関する法律」が制定されたが、この際に日本永住の旧植民地出身軍人・軍属及び遺族に支払われたのは人道的な見地からの弔慰金であり補償ではない。

いずれにしてもこの反論によっても「被害補償を受ける機会を奪ったのは日本政府ではなく韓国政府だった」（一九三頁）事実はまったく立証されていない。

2 「経済協力」は「戦後補償」であった？

本書の日韓会談／日韓協定理解の誤りはこれに留まらない。日韓基本条約や関連する諸協定には植民地支配への反省や謝罪を示す文言はなく、「植民地支配による」「損害」への言及も規定されていないが、朴裕河はそうした「日韓協定の限界」をもたらした原因として次のように指摘する。

……不思議なことに、（韓国政府の：引用者注）人的被害に対する要求は、一九三七年以降の、日中戦争における徴用と徴兵だけに留まり、突然の終戦によって未回収となった債権などの、金銭的問題が中心となっていた。つまり、一九一〇年以降の三六年にわたる植民地支配による人的・精神的・物的事項に関する損害ではなく（実際の日本の「支配」は、「保護」に入った一九〇五年からとするべきだが）、一九三七年の戦争以降の動員に関する要求だったのである。（中略）

……（なぜなら：引用者注）日韓会談の背景にあった、サンフランシスコ条約があくまで戦争の後始末——文字どおり「戦後処理」のための条約だったからである。（中略）

……そして、その賠償金はすべて韓国政府に渡され、国家が個人請求に応える形となった。（二四八―二四九頁）

朴裕河が日韓請求権協定による「経済協力」を「賠償」と認識していることがわかる。朴裕河は「日本政府は、莫大な賠償をしながらも、条約ではひとことも「植民地支配」や「謝罪」や「補償」の文言を入れていない。つまり事実上は補償金でありながら、名目は補償とはかかわりのないようなことになっていたのである」（二四七頁）とも述べており、「経済協力」を「賠償」「補償」と理解していることは間違いない。

実は「経済協力」は「事実上の補償」であるという主張自体は一九六五年当時の韓国政府も採っていた[18]。先にあげた金昌禄論文によれば、韓国政府の「経済協力」＝「賠償」という解釈は、日韓基本条約第二条の解釈と関連していたという。第二条「千九百十年八月二二日以前に大日本帝国と大韓帝国との間で締結されたすべての条約及び協定は、もはや無効であることが確認される」の規定について、韓国政府は、当初より併合条約が無効であることを意味すると解釈した（日本政府は有効であると解釈する）。よって併合無効を前提とした「経済協力」であるから、補償であるという理屈になるのだという。他方日本政府は条約が合法的に成立したと主張しており、「経済協力」はいかなる意味でも「賠償」ではないとの立場である。本書は「韓国併合に関する条約」は合法的に成立したと主張するため、韓国政府と同様の解釈には立ち得ない。

それではなぜ「経済協力」が「賠償」だということになるのだろうか。朴裕河によれば、日韓基本条約や請求権協定に「謝罪」の言葉がなかったのは、「日韓基本条約は、少なくとも人的被害に関しては、〈帝国後〉補償ではない。あくまでも〈戦後〉補償でしかなかった」(二五一頁)からである、という。そしてその「〈戦後〉補償」とは、一九三七年以降の「戦争に対する賠償金」であったという。

しかし、請求権協定に基づく「経済協力」は「〈戦後〉補償」ではない。むしろこれまで度々指摘されてきた通り、日韓会談は連合国と日本との「戦争」をめぐる賠償交渉の枠外で行われた。確かに、日韓会談と対日講和条約には密接な関係があることは事実である。特に第四条(a)は日本国・日本国民と、「第二条に掲げる地域」(日本国が権利・権原を放棄する地域日朝鮮、台湾、樺太等)の当局及びそこの住民との間の「請求権」の処理を両当局間の「特別取極の主題とする」としたが、だからといって、第四条(a)の「請求権」をめぐる交渉が「戦争」をめぐる損害の交渉を意味したわけではない。むしろ太田修の指摘するように、第四条の「請求権が日本と連合国から除外された韓国の間で処理されるべきものだとしたに過ぎず、まして植民地支配・戦争による損害と被害の清算を規定した概念ではなかった」(19)からである。

それでは「一九三七年の戦争動員」への「賠償金」という記述の根拠は何か。この節の議論にあたって、朴裕河がほぼ全面的に依拠したのは張博珍の著作『植民地関係の清算はなぜなされなかったのか』(20)である。この本はなぜ日韓会談で過去清算問題が「消滅」せざるをえなかったのかという問題意識に立ち、主として韓国政府の交渉戦略とそれを取り巻く構造(国際環境)を批判的に分析した五四八頁に及ぶ大著である。朴裕河が依拠したのは、このうち会談開始前の韓国政府の過去清算構想を検討した第六章第一節である。

張博珍がこの節で分析したのは、一九四九年九月に李承晩政権が作成した『対日賠償要求調書』（以下、『調書』と記す）である。『調書』は賠償請求の正当性の根拠として「一九一〇年から四五年八月一五日までの日本の韓国支配は自由意志に反する日本単独の強制的行為」であることをあげたため、先行研究は『調書』の立場を（それ以後とは異なり）植民地支配期を総体として問題とし賠償を求めたものと解釈してきた。

だが、張はむしろこうした基本方針の闡明にもかかわらず、実際には『調書』は賠償要求の範囲を「中日戦争及び太平洋戦争期間中に限り直接戦争により我々が被った人的・物的被害」に限定したことに注目する。韓国政府が範囲を限定したのは、張によれば、講和条約における賠償問題があくまで連合国と日本の戦争の処理という枠組みで行われることが予想されたためだった。そして「この事実は韓国政府が交渉が始まった当初から日本の植民地支配に対して包括的にその責任を追及する姿勢を持っていなかったことを意味する」と指摘するのである(21)。

朴裕河のいう「一九三七年の戦争動員」の叙述が依拠する分析の概要は以上の通りである。一読して明らかなように張博珍がここで論じたのは、一九四九年段階における韓国政府の交渉方針であって、一九六五年に日韓で妥結された「経済協力」それ自体ではない。むしろ張博珍が怒りを込めて論じたように、実際に日韓会談が始まると、韓国政府はこの日中戦争以後の戦争被害に関する賠償すら十分には主張しなかった。当然ながら、張は請求権・経済協力協定の「経済協力」が「一九三七年の戦争動員」の「賠償金」を意味すると論じたわけではない。

それどころか、張博珍は一九六五年当時の韓国政府の「経済協力」＝「実質的な賠償」という解釈について、韓国側はそもそも交渉でそのような主張をしておらず成り立たないと強く批判する。日韓交渉過程での議論自体が、韓国政府の説明が虚偽であることを証明しているとし、「韓国側もまた提供される資金が請求権に基き受け取るものではないにもかかわらず、請求権問題が解決されることを認める論理矛盾をそのまま受容していたのである」(22)と指摘する。そして、「請求権問題に関して、韓国の対日請求権が行使され、それに基き日本から資金が提供されたことで問題が解決したと判断しうる解釈の余地が全くない」、「請求権問題はそうした意味ではただ「消滅」されたに過ぎなかった」(23)と結論づけるのである。

つまり、請求権・経済協力協定に基づき支払われた「経済協力」は、「一九三七年以降の戦争動員」に関連する「請求権」に基づいて支払われた「賠償金」である、という主張は、依拠した文献の主張を朴裕河が理解していないがゆえに生じた誤謬である。しかもその誤謬に基づく解釈がその文献自身が積極的に批判する主張(「事実上の補償」説)とつまみ食い的に接合されている。珍妙な「新説」が本書で頻出する背景には、こうした研究者としてはあるまじき「方法」の問題があるといわざるをえない。

以上の指摘に対する朴裕河の反論をみよう。朴の批判は筆者の「誤読」に向けられる。

第一に、朴は自分は日韓協定による経済協力は「戦後補償」であるとは書いていない、という。だが本書には「日韓基本条約は、少なくとも人的被害に関しては、〈帝国後〉補償ではない。あくまでも〈戦後〉補償でしかなかった」(二五一頁)とはっきり書いてある。繰り返し指摘したとおり、朴はこうした重要な概念について必要最低限の定義すらしていないため、読者は混乱するほかないのである。朴のいう「〈戦後〉補償」が仮に「戦後補償」とは別の意味を持つ言葉なのであれば、その説明を本書でするべきであろう。説明なしに「〈戦後〉補償」と「戦後補償」と「戦後処理に従った補償」といった概念を使用し、それぞれ意味が異なると主張されても理解するのは困難である。

第二に、朴は「私は韓日協定金額を「戦争に対する賠償金」だとはいっていない」ともいう。だが本書には「そのときの韓国の「請求権」が、一九三七年以降の戦争動員に限るものだったためであろう。そして、その賠償金はすべて韓国政府に渡され、国家が個人請求に応える形となった」(二四九頁)とある。朝鮮語版にも「結局支払われたのは一九一〇年以降三六年間にわたる「植民地支配」による人的・精神的・物的損害に対してではなく(中略）中日戦争以降の強制動員に関する補償であった」（韓、二五九頁）との記述がある。朴は明らかに日韓協定に基づく経済協力を「賠償」「補償」と呼んでいる。

そもそも筆者の批判は、張博珍が韓国政府が一九三七年以降の戦争動員被害の賠償のみを主張した、というのは一九四九年の韓国政府の対日賠償要求方針をさすのであって、一九六五年の経済協力をさすものではないため、朴の日韓協定理解は完全に誤っている、というものだがこれへの反論がなされていない。

3　在朝鮮日本財産と個人請求権

ところで、朴裕河は『帝国の慰安婦』の経済協力理解に対するこうした批判に対し、在朝鮮日本財産の接収問題という新たな論点を提示し、次のように反論した(24)。

鄭栄桓は四八七頁から四八八頁で私の本から長く引用しながらも、米国が日本人たちの朝鮮半島財産を接収して韓国に払い下げ、それを外地から日本人を帰還させた費用を相殺させたという部分を抜いて引用する。だがこの部分こそが私が日本に請求権を請求するのが難しいと理解するようになった部分である。国家が相殺してしまった「個人の請求権」を再び認めるならば、日本人もまた朝鮮半島に残した資産の請求が可能になるという問題が生じるからだ。

米国が在朝鮮日本財産と日本人帰還費用を相殺させたため、元「慰安婦」被害者たち個人の請求権は認められない、という。

まず指摘しておかねばならないのは、『帝国の慰安婦』にはこのような主張は存在しないことである。本書の在朝鮮日本財産に関する主張を要約すると、次のようになる（二四八―二四九頁）。

(1) 韓国政府がサンフランシスコ講和条約の枠組みを意識して、日中戦争以降の動員による人的被害への賠償だけを求めた。

(2) 日韓会談では在朝鮮日本財産と「韓国が請求すべき補償金」の処理が議題となったが、米国が反共戦線を作り韓国の自立を助けるため、前者は放棄された。

(3) 日韓請求権協定により日本政府は「一九三七年以降の戦争動員に限る」賠償金を韓国に支払い、韓国政府が個人の請求に応えることとなった。

おそらく韓国は一九三七年以降の戦争に限って対日賠償請求をして請求権協定で賠償が支払われたが、日本は米国の政策により対韓財産請求を放棄した、と主張したいのだと思われる。(2)の主張に関する本書の記述は時系列が混乱しており、少々わかりづらい。(2)では以下の三つの歴史的事実にふれている。

（2－1）日韓会談では在朝鮮日本資産と韓国の請求する補償金が議題となり、請求権協定が結ばれた。（一九五二―六五年）

（2－2）日本は在朝鮮日本資産を放棄し、米国が戦勝国として「接受」し韓国に与えた。（一九四五―四八、五一、五七年）

（2－3）米国の政策の意図は反共戦線を作り韓国を自立させるためであった。（?年）

おそらく（２－２）は一九五七年の米国政府による米軍政令解釈の日本政府への提示を念頭に置いた叙述なのであろうが、「（アメリカが戦勝国として）「接受」し、それを韓国に分け与えた形を取った」という曖昧な書き方をしているため、日韓会談開始以前の接収と払い下げをさすようにしか読めない。よって時系列的には過去へと遡るように読めるにもかかわらず、朴は（２－１）→（２－２）を「つまり」で接続するため、前提知識の無い者が読むと、日韓交渉の最中に米国が旧日本資産を接収したうえで韓国に与え、日本の対韓財産請求を封じ込めたと読んでしまう可能性が高い。逆に、ある程度歴史的経緯を知っている者がこの箇所を読むと、突然過去に戻されて混乱する。

問題は朴裕河の反論である。本書の叙述から元「慰安婦」被害者の「請求権を請求するのが難しいと理解する」ことはできない。

本書の在朝鮮日本財産への言及は、あくまで米国が「反共戦線」と韓国の自立のため日本に請求を放棄させた、という主張を支えるためのものである。この主張の当否はひとまずおくとしても、元「慰安婦」被害者の「個人の請求権」が認められない論拠としてふれられたわけではない。「反論」における在朝鮮日本財産と「個人の請求権」に関する主張は、『帝国の慰安婦』にはみられないまったく新しい主張である。少なくとも『帝国の慰安婦』から、「この部分こそが私が日本に請求権を請求するのが難しいと理解するようになった部分である」(25)という朴の意図を読み取ることは不可能である。

それでは、米国が在朝鮮日本財産と日本人帰還費用を相殺させたため、元「慰安婦」被害者たち個人の請求権は認められない、という主張は正しいのであろうか。前述の「反論」には以下の二つの命題が含まれている。

(a) 元「慰安婦」被害者たちの「個人の請求権」は、米国が在朝鮮日本財産を韓国に払い下げて日本人の引揚げ費用と相殺させたため、認められない。

(b) 元「慰安婦」被害者たちの「個人の請求権」を認めると、在朝鮮日本財産に対する日本人の請求が可能になる。

結論からいえば、いずれの主張も成り立たない。在朝鮮日本財産については、在朝鮮米軍政庁が一九四五年一二月六日の米軍政令三三号で接収し、政府樹立に伴い韓国に払い下げたが、日本政府はこの効力を一九五一年九月八日調印のサンフランシスコ講和条約第四条(b)項で認めた。一九五二年以降の日韓交渉で確かに日本政府は在朝鮮日本資産の問題を「逆請求権」として論点化するが、サ条約で効力を認めたため本当に請求できるとは流石に思っておらず、当時の日本側の表現を借りれば一種の「バーゲニング・トゥール」以上の意味はなかった(26)。米国は一九五七年に日本側が権利を主張できないとの米軍政令の解釈を日本政府に伝えており日韓会談でも議論されている。よって旧日本財産に対する何らかの補償を日本人が韓国政府に請求するためには、サンフランシスコ講和条約を改定するほかなく、それは不可能であろう。少なくとも韓国政府を相手にするものに関する限り、「国家が相殺してしまった「個人の請求権」を再び認めるならば、日本人もまた朝鮮半島に残した資産の請求が可能になる」(27)という事態が発生するとは考えにくい。

また、かつても指摘したように日韓会談で元「慰安婦」被害者への補償問題が議論された形跡はなく、日韓両政府に「相殺」されたと考えることは困難であろう。朴の「反論」では、旧日本財産と日本人の引揚げ費用が相殺されたため、元「慰安婦」被害者たちの「個人の請求権」が認められない、という奇妙な理屈が展開されており、仮にそのような主張をするのであれば論拠を示すべきであろう。そもそも、元「慰安婦」被害者たちが求めている「請求」の内容は、単純な財産の返還・補償請求ではなく、人的・物的被害に対する補償も含まれたより広範なものであってまったく次元が異なる。

改めてまとめよう。朴裕河は本書において、日本軍に法的責任はないという前提のもと、①そもそも元「慰安婦」女性に日本軍に対する損害賠償の請求権はなく、②仮にあったとしても日韓会談で韓国政府によって元「慰安婦」たち個人の請求権は放棄されており、③代わりに韓国政府が受けとった「経済協力」は日中戦争以後の戦争に関する「賠償」であったと主張した。だが、いずれの主張も根拠がなく、むしろ真逆の主張を展開する研究を「論拠」とするものであった。主張の当否以前に、論証が成立していないのである。

5. 河野談話・国民基金と植民地支配責任

1 『帝国の慰安婦』は植民地主義を批判したか？

軍に代表される公権力によって拉致され性的奉仕を強制された多くの被害者の声に耳を傾けようとする姿勢のかげには、単純な戦時下の人権侵害とする見方よりも、植民地主義、帝国主義にまで視野を広げて問題をとらえる鋭さが隠れている。それは戦時下の人権侵害的犯罪というとらえ方よりも厳しい問いを含んでいると言わなければならない。朴裕河は過去を美化し肯定しようとする歴史修正主義者の視点とは正反対のまなざしを慰安婦被害者に注いでいるのだ。

抗議声明の賛同人である小説家・中沢けいの評価である(1)。実際には本書に「戦時下の人権侵害」より「植民地主義、帝国主義にまで視野を広げて問題をとらえる鋭さ」はない。だが中沢がこう受け取った理由はわからなくもない。本書は繰り返し戦争犯罪ではなく、植民地問題として「慰安婦」を考えることの重要性を説いているからだ。鎌田慧も「帝国主義」の問題として「慰安婦」問題をとらえたことを評価している。

しかしこの理解は誤りである。『帝国の慰安婦』の主張は、むしろ植民地主義のイデオロギーに親和的である。これを理解しなければ、なぜ朴裕河が河野談話や国民基金を高く評価し、一方で挺対協を厳しく批判するのかはわからない。本書の表面的には植民地問題を重視するかのような主張の裏にある、植民地支配責任論の歪曲について批判的に考察する必要がある。本章では河野談話と国民基金の評価と、これを批判する人々への反論の検証を通じて『帝国の慰安婦』の植民地責任論について検討しよう。

2　河野談話・国民基金は「植民地支配問題」に応答したか?

1　河野談話と植民地問題

河野談話(【資料6】参照)に対する朴裕河の評価は高い。被害者たちが名乗り出た後「日本政府は(中略)日本軍の関与を認め、謝罪と補償をしている。その最初のものが、一九九三年に発表された「河野談話」だった」(二三五頁)という。朴がここでいう「補償」とは国民基金の「償い金」をさす。『和解』以来の朴裕河の持論である。『和解』の「償い金」=補償説に対して西野瑠美子は成り立たない謬論であると批判した。国民基金の副理事長であった石原信雄が「これは賠償というものじゃなくて、ODAと同じように、人道的見地からの一定の支援協力ということです」と明言しているからだ。西野の指摘通り「国民基金は、あくまで政府の「償い」ではないということを明確に性格づけた事業」だった(2)。

だが朴裕河は本書でも「償い金」=補償説を繰り返す。その根拠はいかなるものであろうか。まずは本書の河野談話理解の検討から始めよう。

本書の河野談話理解の特徴は、日本政府が「慰安婦」問題が植民地支配の問題であると認めたと解釈することである。

朴裕河の河野談話評価のポイントは、(1)強制連行を認めていないこと、(2)「本人たちの意思に反して」行われたことへの「総体的な責任」を認めたこと、(3)「自発的売春婦」説を否定したこと、そして(4)「慰安婦」問題が植民地支配の結果起きたことを認めたことである（二三八―二三九頁）。

注目すべきは(4)の植民地支配の問題である。河野談話には植民地支配の責任や、支配の結果「慰安婦」が集められたことを示唆する表現は一切ない。談話は「日本を別とすれば、朝鮮半島が大きな比重を占めていたが、当時の朝鮮半島は我が国の統治下にあり、その募集、移送、管理等も、甘言、強圧による等、総じて本人たちの意思に反して行われた」と指摘しただけだ。

むしろ一九九三年以降の日本の責任をめぐる議論は河野談話の限界をめぐって展開したといっていい。吉見義明はその限界を、①慰安婦の徴集、軍慰安所制度の運用の主体が業者であるかのように読める余地があること、②中国・台湾・東南アジア・太平洋地域の住民の被害や、③国際法に違反し、戦争犯罪を犯したとの認識に基づいた真相究明、罪の承認と謝罪、賠償、再発防止措置などに言及していないことの三つであると指摘した(3)。「国民基金」が批判を浴びたのも、表面的には「おわび」をしながらこれらの限界を乗り越えていなかったからだ。

だが朴裕河は次のように河野談話に植民地問題を強引に読み込む。

日本政府は、朝鮮の女性たちが日本軍の性欲を解決する道具になっていた理由が「朝鮮半島が日本の統治下にあった」結果、つまり植民地支配という精神的強制体制のもとでのことだったと認めていた。これは、朝鮮人慰安婦問題をめぐる実態を正確に見届けたという点、そのうえで責任を回避・縮小しようとしなかった点で、

評価すべきであろう。（二三七頁）

まず朴裕河が河野談話の表現を「統治下にあり」ではなく、「統治下にあった」と誤って引用していることを指摘しなければならない。河野談話は朝鮮人が「慰安婦」の多数を占めた背景として「朝鮮半島は我が国の統治下にあり」と事実を述べているのであって、「あった」結果、「本人たちの意思に反して行われた」という因果関係を示したわけではない。だが朴裕河は河野談話の文言を変え「植民地支配という精神的強制体制のもとでのことだったと認め」たと読み込むのである。当然ながらこのような解釈が成り立つはずはない。ただ「植民地支配という精神的強制体制」という理解は、朴裕河の植民地理解をよくあらわしている。本書の植民地認識の特徴は、異民族に対する暴力支配や軍事的な敵対関係を過小評価することであるが「精神的強制体制」という表現は朴のこうした植民地観の反映である。

河野談話がふれた「植民地支配の本質」について、朴裕河は次のようにも指摘する。

朝鮮に総じて貧しい女性が多かったのは、植民地支配の本質をついている。近代化しても貧しい人はあふれていたし、朝鮮人慰安婦問題が、性差別と階級差別以上に、〈植民地支配問題〉であるのはそれゆえのことである。そして「河野談話」は、そこのところに明確に応えた談話だった。その後、他国の慰安婦が現れて問題が複雑になるが、いずれにしても、少なくとも「河野談話」の文面が認めている「強制性」は、間接的な強制性のみだった。（二三九頁）

朝鮮に「貧しい女性が多かった」ことを指摘して「植民地支配の本質をつい」たのは誰かが前後の文からは理解

できないが、もちろん河野談話にはこのような表現はない。また河野談話が「明確に応えた」「そこのところ」もはっきりしないが、おそらく「慰安婦」問題が〈植民地支配問題〉であるとの認識を表明した、という意味であろう。これについても、河野談話は触れていないのでこの解釈は成り立たない。なぜこのような解釈が可能なのか。

朴裕河の理屈は本書の記述から推測するほかないが、おそらく次のようなものではなかろうか。河野談話は強制連行を認めていない。だが「本人たちの意思に反して行われた」ことは認めた。おそらく朝鮮の貧しい女性が「慰安婦」にならざるを得なかったのだと理解しているはずだ。貧しい女性が多いのは植民地支配の本質である。よって河野談話は「慰安婦」問題の本質が〈植民地支配問題〉であることに「明確に応えた」談話である、と。あまりに牽強付会な飛躍した解釈であるが、本書の記述からは朴裕河がこのような理屈で河野談話を「評価」していると考えざるを得ない。安倍晋三首相は河野談話の「意に反して」について「自分の意思ではなくて、さまざまな経済状況等も含めて、意に反する場合もあっただろうということ」と解釈しているが（二〇一五年七月十日、衆議院我が国及び国際社会の平和安全法制に関する特別委員会）、朴の河野談話解釈はこれと同様のものである。

2　国民基金の「償い金」は実質的補償だった？

国民基金への評価も河野談話と同じく甚だしく強引な論法によってなされる。基金とは何であったかについて朴裕河は次のように位置づける。

基金は（中略）戦後賠償に関する条約のために直接の国家補償はできないという限界を突破すべく（中略）「民間団体の衣をかぶせ」て間接補償を目指した、政府主導のものだった。

……基金は、国家補償をしつつも、表向きはそのような形をとらないための、あくまでも〈手段〉だった。責

任回避のためではなく、「責任を負う」ためのものだった……（二六三頁）

果たして基金は「国家補償」なのか、そうではないのか。この文章から朴の「論旨」を理解することは不可能である。この混乱は朴裕河が強引に国民基金を「補償」であると言おうとしたために生じたものである。

朴裕河は、国民基金は「謝罪と補償」を実施したが韓国では「部分的にしか機能しなかった」という。その理由は「実際は受け取った人たちが受領を公言できるような環境になかったから」だ。基金は日本政府が「「謝罪と補償」のために」作ったのに、韓国と日本の支援団体はただの「責任回避」とみて非難したため、韓国の人びとはいまだに「謝罪と補償」が済んでないと考えているのだ（二四〇頁）。

朴裕河はこのように、国民基金の失敗は韓国と日本の支援団体の無理解ゆえであると主張する。それでは、なぜ「償い金」は補償といえるのであろうか。本書の説明は以下の通り矛盾したものである。

第一は、国民基金を推進した人びとには補償の「意図」があったから「補償」だ、という説明である。朴は村山政権の置かれた苦境を紹介しながら「直接の国家補償は、一九六五年の日韓基本条約で決まったことに違反すると考えた」政府が、「「償い金」を名目上は「国民募金」でまかなうことにした」ことを紹介する。そして和田春樹が国民からの募金を「政府にお金を出させるための、ポンプの呼び水」と考えていたこと、村山政権が「個人補償とならない範囲での窮余の策として構想を練っている」ことを報じた『朝日新聞』（一九九四年八月一九日付）の記事を引用したうえで、「基金は「間接的」な形を取った「実質的」補償だった」と主張する（二四三―二四四頁）。

だがこれは説明になりえない。和田が語ったのは当初の「意図」であって結果ではない。「償い金」は「名目上」ではなく実質的に募金で賄われたのである。『朝日』の記事はまさに補償にならない範囲で村山政権が「償い金」を構想しようとしたことを報じたものであって当然ながら補償であった根拠にはならない。「重要なのは、この方針が、慰安婦たちの不満に耳を貸しながら「『過去の清算』に真剣に取り組む姿勢」が生んだ政策」であるとの指摘も同様に、「意図」を示したにすぎない。

第二は、そもそも補償は不可能である、との説明である。朴裕河は「民主党政権も、やはり「個人補償」はできないという一九六五年協定の壁を乗り越えることを考えた痕跡はない」ことをあげ、「個人補償」を不可とした〈原則〉は、政権とは関係ない、〈国家〉のなしたことであって（中略）政権交代で、解決」できないという（二四四頁）。補償は不可能であるという絶対的条件があるなかで、補償を「意図」して作られたのが国民基金であるから、「償い金」は実質的に補償なのだ、という理屈である。

この説明には問題のすりかえがある。民主党政権が「一九六五年協定の壁」を越えなかったことは、あらゆる政権がこの「壁」を越えられないことを意味しない。民主党が越えないことを選択しただけだ。朴裕河は政権の選択の結果があたかも宿命であるかのようにすりかえ政治家が負うべき結果責任を解除している。

また、右の説明からは、本書において〈国家〉なる言葉がそもそも責任を担えない抽象概念として用いられていることがわかる。「もっとも責任が重いのは「軍」以前に、戦争を始めた「国家」である」（三二頁）とか、「総責任者は、慰安婦を必要として容認し（中略）た〈国家〉と言うほかない」（一七二―一七三頁）との記述は、国家の責任を問うためではなく、その責任を解除する機能を果たす。

結局のところ、被害者の側が不十分であっても「償い金」を補償とみなして受け取るべきだった、と主張するのが朴の本音である。その根拠は次の通りである。

……（官僚の：引用者注）苦渋の選択が好意的に受け止められなかったのは、それを「不徹底なもの」とみなしたからである。しかし、そこで求められていたのは〈理念の徹底的な完遂〉ではなく、国家間問題と化した

政治問題の解決だったはずだ。（二六八頁）

基金は、不完全ながら曖昧な国家組織体に必要な程度の「謝罪と補償」は体現していた。「カネを出すのでよろしく」との、いささか軽薄に聞こえる言葉、しかしともかくも解決に動いた政治家の気持ちと行動を受け入れるかどうかの問題は、そのような曖昧さを引き受けるかどうかの問題でもある。（二六九頁）

すなわち、日韓両政府の対立を「解決」するために「曖昧さを引き受け」て「償い金」を受け取ればよかった、と朴裕河は主張するのである。なぜ補償であるといえるのかの説明を放棄したと判断せざるをえない。被害者たちが充分な「謝罪と補償」がなされていないと考えるのは、それが事実だからであって誤解だからではないのである。

3　クマラスワミが日本政府の「説明を受け入れた」？

本書の河野談話・国民基金評価は、クマラスワミ報告への誤った理解にも反映している。朴裕河はクマラスワミ報告の国民基金評価は、一九九六年の報告書と一九九八年のそれとでは変化したと主張する。前者では「法的責任を受け入れ、賠償支払い、文書公開、公式謝罪、関係者処罰」(4)を勧告したが、後者では一九九八年の報告書では、国民基金への「日本の立場や努力を明言」したからだ。朴裕河はこれを国民基金に関する「日本政府の説明を受け入れたからだろう」（一九七―一九八頁）と主張する。だが挺対協は「このような報告書の変化に気づいていなかったはずはない」（一九八頁）にもかかわらず、韓国では伝えず、クマラスワミ報告は相変わらず「法的責任」「賠償」を要求する根拠とみなされた批判する。

だが朴裕河のこの主張は誤りである。まず、一九九六年の特別報告書付属文書でもクマラスワミは国民基金が

「日本政府の道義的責任の表明として創設された」ことを認めたうえで、「しかしながら、これはこの女性たちの状況に対するいかなる法的責任も否定することを明確に表明するものであり、民間から募金したいとするところにそれが反映されている」と指摘し、「道義的観点からこの基金設置を歓迎するが、しかし、それは国際法上の「慰安婦」の法的請求を免れさせるものではない」と釘をさしている(5)。

基金の存在を理解したうえで、さらに「国際法の義務の違反」を「承認し、かつその違反の法的責任を受け入れること」、被害者個々人に「人権及び基本的自由の重大侵害の被害者の原状回復、賠償及びリハビリテーションの権利に関する差別防止少数者保護小委員会の特別報告者が示した原則に従って、補償を支払うこと」などを勧告したのである(6)。

一九九八年の報告書も同様である。国民基金の活動を紹介する一方で「日本政府は法的責任は認めていない。日本の裁判所に提訴されている六件の判決を待っているものと見られる」と確認した(7)。クマラスワミは二〇〇一年及び二〇〇三年の報告においても、日本政府が法的責任を認めず一九九六年の付属文書の勧告を履行していないことにふれている(8)。

以上から、クマラスワミの立場は変化したという朴の主張は誤りといえる。特別報告書及び一九九八年報告書を通読すれば、クマラスワミの立場が一貫していることは明らかである。

朴裕河のクマラスワミ報告理解の誤りは他にもある。朴は次のように、クマラスワミが慰安婦問題を「売春」の枠組みで捉えていると主張する。

……クマラスワミ報告書でも、慰安婦の状況を「強制された売春」と認識している。慰安婦を三つのケース――自発的な売春、料理屋や洗濯婦として行って慰安をするようになった場合、そして「奴隷狩りに等しい大がかりな強要と暴力的誘拐」と分類している。「慰安婦」のすべてが「強制連行」されていたわけではないことを知っていたのだろう。つまり一九九六年の時点で、「慰安婦」とは、基本的に「売春」の枠組みの中のことであることに気づいていた。（二〇〇頁）

ここからは、朴裕河が「売春」と「強制売春」の違いを理解していないことが伺える。クマラスワミ報告は「「売春」の枠組み」ではなく、「レイプ」及び「強制売春」の枠組みで「慰安婦」制度をとらえている。朴は別の箇所でも「「強制軍事売春」としていること（中略）は、韓国の意図をはずれたところのはず」（二〇三頁）としており、むしろここから読み取れるのは朴裕河が「慰安婦」制度を「売春」の枠組みでとらえていることであろう。

3　植民地主義としての「帝国の慰安婦」論

1　植民地支配の問題を戦争の問題に矮小化？

河野談話や国民基金に「植民地問題」への応答を強引に読み込む一方で、朴裕河は挺対協が「植民地問題」を消去し、「「帝国＝植民地支配」の問題がそれを可能にする一つにすぎない「戦争」のことと矮小化」（二一一頁）したと批判する。中沢が「戦時下の人権侵害」より広く「植民地主義、帝国主義」の問題をとらえている、と解釈するのはこうした記述によるのであろう。

だが挺対協が植民地問題を消去したという批判に、事情を知るものは戸惑わざるをえないだろう。挺対協は早くから植民地支配の一環として「慰安婦」問題をとらえてきたからだ。一九九二年のガリ国連事務総長宛の要請にも歴史教科書に「植民地的抑圧の一部として、この徴用の事実を掲載する」ことを日本政府に求める項目があり(9)、明らかに植民地支配の問題を「消去」していないからである。

むしろ『帝国の慰安婦』こそが、戦争と植民地支配、あるいは戦争犯罪と植民地犯罪の関係を一面的に理解しているといわざるをえない。

「帝国の慰安婦」論はこれまでみたように、植民地と占領地の二分法を前提とする。朝鮮人、台湾人は「帝国臣民」であり、中国人は「敵」であった。だから一口に「慰安婦」と語ることはできない、と。ゆえに挺対協が「慰安婦」制度を戦争犯罪とみる立場を批判し、「帝国」の責任の問題と考えねばならないと批判する。

だがこの二分法はあまりに表面的である。第一に、植民地支配の軍事支配としての本質と、そこから生じる敵対関係を無視している。植民地化は異民族支配であるがゆえに、むき出しの暴力による軍事支配を伴う。大日本帝国の「領土」となった後であれ、ひとたび民族的な抵抗が起こるとそこは「戦場」となる。朝鮮の三一独立運動や台湾の霧社事件への弾圧が、警察的取締の範囲を大幅に逸脱した軍事的鎮圧作戦だったことを想起すれば容易に理解できよう。それゆえ「慰安婦」問題に触発された近年の研究は、朝鮮植民地化過程での軍事的公娼制から憲兵警察制度を前提とした植民地公娼制への展開過程を、日本軍「慰安婦」制度の重要な前史と考えるのである(10)。「「帝国主義」という枠組みの中で、人間の精神がどうなっているのか、という問題を掘り起こして」た(鎌田慧)どころか、朴裕河の植民地観はきわめて牧歌的であるといわざるをえない。

第二に、戦争犯罪と植民地犯罪の重なりを無視している。日本軍「慰安婦」制度は、植民地朝鮮を中国への侵略戦争に動員する過程で作られた制度であり、当然ながら戦争犯罪であると同時に植民地犯罪であるという二重性を有している。女性国際戦犯法廷判決が「人道に対する罪」で昭和天皇ほか戦争指導者を裁いたのは、「慰安婦」制度を戦争犯罪であるとだけみたからではなく、この二重性をふまえてのことである。

「人道に対する罪」には従来の戦争犯罪の枠組みを超える二つの特徴があった(11)。第一は占領地住民のみならず自国民への被害も対象としたこと、第二は犯行地の国内法違反にあたらない被害も対象としたことである。それゆえ植民地における犯罪行為を裁く可能性が開かれた。「国内」とみなされた植民地での犯罪が支配権力の組織的行為の一環として認められるならば、単なる刑事犯罪として末端の実行犯が裁かれるのではなく、「上部の命令者も含む全体的な構造」に罪を問えるからである(12)。二〇〇一年に南アフリカのダーバンで開かれた国連主催の第三回「人種差別撤廃のための世界会議」(ダーバン会議)における奴隷制度・奴隷貿易への補償要求をはじめ、征服戦争時の虐殺、植民地支配下での強制連行や強制労働の罪を問う近年の旧植民地からの責任追求の多くが、「人道に対する罪」に依拠するのはこのためである(13)。

女性国際戦犯法廷の判決は日本軍性奴隷制を「人道に対する罪」と特定した目的を「加害国(日本:引用者注)自身の一般住民や、特定の国家に属さない人々に対して行なわれた行為について、刑事責任を認めるため」(14)とはっきり明記しており、「慰安婦」制度の責任者処罰の要求は、こうした戦争犯罪概念の発展の系譜のなかにあるのである。朴裕河は挺対協が「慰安婦」制度を戦争犯罪ととらえていることをもって、「「戦争」のことと矮小化」したと考えたのであろうが、この批判は右にみた戦争犯罪概念を発展させることで植民地支配下での組織的な犯罪を問おうとしたこの二〇年間の取り組みを「矮小化」するものである。

2　植民地主義としての「帝国の慰安婦」論

朴裕河は「慰安婦」制度を戦争犯罪とみなすことに反対するが、だからといって植民地犯罪であると考えるわけではない。そもそも「慰安婦」制度を犯罪とは考えないからだ。朴裕河は韓国併合条約も合法であると理解している。それでは朴裕河は「慰安婦」問題を考える際に見出すべき「植民地支配の問題」をいかなるものととらえるのか。次の挺対協を批判を手がかりに考えてみよう。

……彼女（「慰安婦」とされた被害者たち：引用者注）たちが植民地化の結果として動員された存在であることを見なかったために、植民地支配の問題はそこでは消去されてしまっている。この二〇年間の運動が、日韓の認識で接点を作れずに不和を作り続けてきたのも、植民地固有の〈矛盾と悲惨〉を見ることを怠っていたためである。（一七四頁）

朴裕河の考える「植民地支配の問題」とは何か。ポイントは「植民地化の結果として動員された存在」という言葉をいかに読み解くかである。本書に対するこれまでの分析から、「動員された」が強制連行を意味しないことは明らかである。「慰安婦」の「動員」とは、自発的に「売春」を選択せざるをえない経済状況に置かれること、をさす。そして河野談話解釈からわかるように、「植民地化」とは女性を「貧困」状態に置くことを意味する。これに「愛国」「同志」との本書の「慰安婦」理解をふまえるならば、「植民地化の結果として動員された存在であること」とは、〈貧困状態に置かれ自発的に「売春」を選択せざるをえなかった女性たちが、「帝国」の一員として戦争遂行を助ける「愛国」「同志」だったこと〉を意味することが明らかになる。

挺対協がこうした「慰安婦」理解、つまり「帝国の慰安婦」論を取らないため、二〇年間「日韓の認識で接点を作れずに不和を作り続けてきた」というのだ。「接点」という言葉が重要である。前に述べた通り、本書は日韓の対立を「慰安婦」イメージの分裂ゆえのものと捉える。だからこそ「接点」となるイメージとして「帝国の慰安婦」論を提示したのだ。

だが「帝国の慰安婦」論のイメージは実際には「接点」どころか、「大日本帝国」の論理による「慰安婦」認識そのものである。黒田勝弘の次の言明をみよう(15)。

現在の韓国の公式歴史解釈では韓国人従軍慰安婦と日本軍（将兵）は絶対的な敵対関係として、すべてが「強制」で語られている。「韓国人の歴史」ではそうならざるをえないだろう。（中略）しかし「日本人の歴史」としてはそれは「協力」であり、そうであるがゆえに前述したように「感謝と慰労」を語りたいのである。

罪として「慰安婦」問題の責任を考える立場は、当然ながら日本の侵略戦争や植民地支配の論理の否定を前提とする。だが黒田のごとき「日本人の歴史」の立場は大日本帝国の論理を前提とする。前者が植民地支配を不法な侵略による異民族支配と考えるのに対し、後者は「併合」により「臣民」としこれを等しく「統治」したものと考える。だからこそ「協力」した「慰安婦」に「感謝」を語れるのだ。日本の右派が「植民地支配」という用語自体を認めたがらないのは、この言葉そのものに後者の解釈を脅かす危険性があるからだ。

本書が試みたのは、まさに大日本帝国の論理の範囲内で「慰安婦」問題を再解釈することであった。だからこそ日本人「慰安婦」との「愛国」的動機の共通性、兵士との「同志的関係」を強調する一方で、未成年者徴集に代表される「慰安婦」制度の植民地主義的性格を強引に否定しようとするのである。「帝国の慰安婦」論は両者の「接点」にあるわけではない。本書のいう「植民地支配の問題」とは、朝鮮侵略の罪と責任や戦争犯罪・植民地犯罪を問うものではなく、「慰安婦」の歴史を「日本人の歴史」として語り直そうとしたものなのだ。

よって「帝国の慰安婦」論による日韓の「不和」の解消とは、こうした大日本帝国の論理による「慰安婦」解釈を、被害者たちに全面的に受け入れさせることを意味する。大日本帝国の論理とは、いうまでもなく植民地主義のイデオロギーを内包するものであるから、「帝国の慰安婦」論とは植民地主義的に「慰安婦」という存在を解釈する試みであると判断せざるをえない。

3 「責任者処罰」の否定と天皇の戦争責任

朴裕河が「責任者処罰」、とりわけ天皇の戦争責任追及に対し激しい反発を示すのもこのためである。

本書の特徴は、二〇〇〇年に開催された女性国際戦犯法廷にほとんどふれないことであるが、これは「責任者処罰」の要求を批判する本書の立場の帰結であろう。

「責任者処罰」のなかでも、昭和天皇の責任問題は、日本軍「慰安婦」問題のもっとも重要なテーマの一つであった。一九九〇年の韓国教会女性連合会・韓国女性団体連合会の声明書や、一九九二年二月に挺対協が国連ガリ事務総長宛に送った要請も天皇が責任をとり謝罪することを要求の筆頭に掲げた(16)。日本軍の大元帥であった天皇が責任者処罰の筆頭にあがるのはある意味では当然であろう。日本軍「慰安婦」問題を「罪」という観点から問えば、必然的に天皇の戦争責任に行き着かざるをえない。女性国際戦犯法廷は、河野談話や「国民基金」が拒否した日本軍「慰安婦」制度の戦争犯罪としての認定を行い、そのうえで昭和天皇以下の戦争指導者に有罪を下した。

だからこそ日本の歴史修正主義者たちは、こうした動きを「反日ナショナリズム」と批判し、徹底的に攻撃する。日本型歴史修正主義の最大の目的が天皇制国家の擁護、とりわけその中核に位置する天皇の軍隊の擁護にあるためである。女性国際戦犯法廷を特集したNHKのドキュメンタリー番組に、安倍晋三自民党幹事長（当時）が露骨な政治介入を行ったのは、「責任者処罰」の要求が日本型歴史修正主義が守ろうとする「大日本帝国」の価値を正面から否定するものだったからである。日本軍「慰安婦」問題を戦争犯罪とみなし、「正義」の観点から責任者の処罰を求める被害者たちの訴えは、日本の歴史修正主義への正面からの挑戦であった。

もちろん反発を示すのはあからさまな歴史修正主義者だけではない。現在の天皇に謝罪を求める要求は、現在の「リベラル」や左派の日本人たちの反発も招くであろう(17)。李明博大統領（当時）が二〇一二年八月に天皇の訪韓の条件として独立運動家への謝罪を求める発言をしたことに対する反応は左右を問わず反発一色であった。『朝日』や『読売』は「日韓関係をひどく傷つける」、「礼を失している」と批判し、衆議院は「極めて非礼な発言」とする非難決議を採択した。いずれも天皇の植民地支配責任という肝心な論点についてはまったく言及せず「不敬」とでもいわんばかりの反発に終始した。

国際政治学者の坂本義和の批判はとりわけ印象的である(18)。

李大統領が、天皇の具体的な謝罪行為まで求める発言をしたのは、明らかに失言である。日本の戦争責任を日本の一般の政治家や国民以上に痛感している点で、私も敬愛を惜しまない現天皇について、あまりに無知であり、恥ずべきである。

現・天皇は今日、「リベラル」の様々な願望の投影対象となっているが、この場合は「戦争責任を自覚する日本国家の象徴」たる天皇のイメージを李明博の発言が傷つけたと受けとめたのであろう。戦争責任を痛感する、という言説が謝罪要求を「恥ずべき」と批判するために持ち出されるところに、このイメージの欺瞞性があらわれている。天皇が責任を痛感しているのならば、その責任を果たせばよいはずである。痛感している天皇を批判するのは「無知」であるという批判は成り立たない。挺対協の元代表である尹貞玉は、道義的責任論を批判して、「いまの時代に国家が謝罪できないというのは、天皇のことを考えているからでしょう」と指摘したが(19)、正鵠を射たものといえよう。

朴裕河もまた大日本帝国の論理を前提にする以上、天皇が処罰されたり謝罪の主体となることはありえない。むしろ天皇の役割はかつての「臣民」たちに「感謝と慰労」(黒田)の言葉を捧げることである。だからこそ朴は日本の「支援者」たちが、基金を受け容れなかったのは「慰安婦」問題を「日本社会の改革」、とりわけ天皇制批判に結びつけようとしたからだ、と主張し厳しく批判する（二六四—二六五頁）。「正義」が目的化し、「〔慰安婦〕＝「当事者」たちは、いつのまにか一部の人にとっては日本の政治運動のための人質」になったというのだ（二六七頁）。

だが朴によれば、「慰安婦」たちに必要だったのはそんなことではなかった。

支援者たちは、天皇に象徴される大日本帝国に対する徹底的な反省と、それに基づく日本の社会改革を目指していた。しかし、このとき慰安婦たちに必要だったのは、日本の〈社会変革〉ではなく、慰安婦たち自身のための「謝罪と補償」だった。社会変革はさまざまな利害が衝突する場でもあって容易なことではないが、慰安婦問題の解決だけなら、ハードルはそれより低かったはずだ。そして基金は、そのようなハードルを何とか越えたものだった。（二六六頁）

天皇が問題となったのは、責任を負うべき主体だからだ。日本軍による組織的犯罪という観点からはむしろ天皇の問題を問わざるをえない。それは抽象的な日本の〈社会変革〉という別の目的のためでなく、「慰安婦」問題の本質に関わる問題なのである。だがそれは「慰安婦たちに必要だった」ことではないという。

第3章でみたように、「天皇が私の前にひざまずいて謝罪するまで私は許せない」と語る被害者は、確かに存在する。むしろ少なくない被害者たちが天皇の責任に言及している。だがそれは朴裕河によれば「屈辱的な屈服体験のトラウマによる、もう一つの強者主義」（三〇〇頁）にすぎない。朴裕河は本書でしばしば日本の責任を追及する行動を疾患のメタファーで語り貶める。例えば、挺対協が被害者たちを「闘士」に仕立てあげたのは「当事者を通して、独立的で誇り高い朝鮮やその構成員としての自分たちを見出そうとしてきた」からであり、そのような「自己確認」は「〈植民地の後遺症〉」(一六七頁)だという記述もそうだ。

朴裕河は挺対協や日本の支援団体を批判しながら、結局のところ実際には国民基金の受け取りを拒否し、天皇に謝罪を求める当事者の主体性を一切認めていない。現実に国民基金批判の声をあげた当事者も、「トラウマ」のせいや「記憶」を「抑圧された」ことにされてしまう。しかし、被害者の「記憶」を理解できると称するのは、知識人の傲慢さではあるまいか。「被害者の真の記憶は抑圧されている(はずだ)、だからいま語りだした人々は「真の記憶」を語っていない(はずだ)」、「真の記憶」を知るのは知識人である「私」だ、と主張することになりはしないか。「女性たちの声」を横領しながら「兵士たちの声」を復権する手法と同じく、自らの都合に合わせて被害者たちの「記憶」や「必要」を代弁する手法の問題が、ここにもあらわれている。

『帝国の慰安婦』は日本の責任を問うているのであろうか。むしろ日本の「帝国意識」に呼びかけているのではあるまいか。朝鮮を「統治」した者として、かつて「同志」であった(旧)植民地の「臣民」たちを慰めねばならぬのではないか、という呼びかけをしているのではないか。こう考えざるをえない。

朴裕河が「朝鮮人慰安婦を徴兵された朝鮮人たちと同じ枠組みでみなすことになれば」「日本に対する謝罪と補償の要求がより明確になるから」と語っているのは示唆的である(20)。朝鮮人元軍人・軍属に日本政府が謝罪したことはなく、弔慰金は補償ではないが、朴の意図は少くとも大日本帝国の論理に従う恩給や援護の範囲で、「慰安婦」への何らかの金銭の支給を求めたものと解釈できよう。

だが朴裕河のこうした認識は、そもそも「慰安婦」被害者たちが、なぜ「正義」の立場から謝罪と補償を求めたのかを理解していない。そして、多くの朝鮮人軍人・軍属や元BC級戦犯たちが、どのような矛盾を生き、戦後補償裁判を闘ってきたかを学んでいないのである。

戦後日本の旧軍人・軍属への援護には、日本の戦争を「侵略戦争」とみる観点は一切存在しなかったが、稀有な恩給拒否者である尾下大造は、こうした恩給の思想を適確に見抜いていた。尾下は中国戦線で目撃した日本兵の殺人、放火、強姦、略奪から、この戦争は悪いことだと確信し、戦後も「悪いことをしたのに褒美は貰えん」と恩給を拒否した(21)。晩年まで尾下は「恩給は、やってきたことへの国からの「口止め料」にみえる」「戦争の罪に対する償いの気持ちを死ぬまで堅持したい」と語っていたという(22)。

だが尾下のような恩給認識は極めて例外的であった。このため、国籍・戸籍条項により排除された朝鮮人元軍人・軍属が遺族等援護法の適用を求める論理は、「日本人として一緒に戦ったのに気の毒だ」という大日本帝国の鋳型にはめこまれて解釈され、彼らの要求の本当の意味は伝わらない。

元BC級戦犯であった李鶴来さんの「私たちは、故郷では「日帝協力者」とされるのです。いくら違うんだ、強制的に従軍させられたんだ、と言ってみたところで、一度でも日本軍に協力した者は故国にとっては裏切り者です」という言葉は、だからこそ注意深く読む必要がある(23)。ほとんどの日本人たちは、これを李さんを理解しない韓国のナショナリズムへの告発と捉えるだろう。だが実際に「責任」を李さんたち個人に転嫁させる要因を作り出したのは、日本政府の無責任である。もし日本政府が侵略戦争と植民地支配の罪と責任を認め、植民地からの徴兵を「人道に対する罪」であると表明し、李さんたちを名誉回復していたならば、個々人がこのような責を負うことはなかったはずだ。戦後補償裁判が問うているのは、まさしくこうした問題なのである。

朴裕河の発言は「慰安婦」被害者たちを貶めるにとどまらず、大日本帝国の論理を克服し、自らの加害責任も含めて向きあおうとしてきた李鶴来さんのような朝鮮人元軍人・軍属の「戦後」の歩みも愚弄するものといわざるをえない。「帝国の慰安婦」論は戦争指導者の責任を末端の「慰安婦」や兵士の「協力」にすりかえ、責任を転嫁する機能を果たす。いかなる意味においても、植民地主義を批判する言説であるとは言いがたいのである。

4　『帝国の慰安婦』と「二つの歴史修正主義」

『帝国の慰安婦』は一見、従来の戦争責任論の限界を克服し、植民地支配責任の観点から日本軍「慰安婦」問題を論じた著作であるかのようにみえる。だが本書の主張の核心は植民地支配責任を問うところにはない。むしろ「帝国の慰安婦」論は植民地主義のイデオロギーと親和的ですらある。本書が「愛国」「同志」「協力」の歴史として「慰安婦」問題を語り直そうとする試みであったことは、もはや繰り返す必要もあるまい。本書は一九九〇年代以来の「慰安婦」制度の罪としての「責任」を問う被害者たちの要求に対し、これを「帝国」の論理で修正せんとする書なのである。

にもかかわらずなぜ本書は絶賛されるのか。この問題に再び戻る必要がある。第1章でも述べたとおり、日本軍「慰安婦」問題が問うたのは、大日本帝国の責任であると同時に、「戦後日本」の責任でもあった。「冷戦体制」のなかアジアへの加害責任に向き合わず、封じ込めておくことができた「戦後」の歴史が問われたのだ。「慰安婦」問題はその象徴であった。

日本の保守政権もこの問題を完全に無視することはできなかった。吉田裕によれば、中曽根政権以来自民党政権が希求した日本の「政治大国」化を実現するためには、アジア諸国の世論に一定の反省をアピールする必要があったからである(24)。政治外交的な手段として「おわび」が必要とされたのだ。それゆえ「戦争の侵略性や加害性を認める方向での政策転換にみあう形で、日本人自身の意識改革をいかに行なうかという問題関心はきわめて希薄」であった(25)。河野談話も国民基金も、同様の政治的文脈のなかにあった。「冷戦体制」下で得た果実は維持しながら、「反省」したと受け取らせるにはどうすればよいか。その答が国民基金だった。

だが朴裕河の描く「戦後史」像は、これとは真逆のものである。日韓協定では「戦後補償」の枠内ではあるが補償・賠償を行い、一九九〇年代の河野談話は「植民地支配の問題」に応答し、国民基金により「慰安婦」への謝罪と補償も行った。つまり、戦争責任・植民地支配責任に向き合ってきた歴史として「戦後史」を描くのだ。ただそれを日本はうまく表現してこなかったにすぎない。これほど国民基金の失敗により傷ついた「良心」ある人びとの心を救う歴史像もあるまい。

だからこそ朴裕河は次のように日本に求める。

……日本も、あいまいではあっても植民地支配に対する天皇や首相の謝罪はあった。そのうえ慰安婦問題に限ってではあったが補償もしたのだから、日本の〈植民地支配謝罪〉は本当は元帝国のうち、もっとも具体的だったとも言えるだろう。（中略）

しかし、そのときの処理は、すでに述べたように、あくまでも「戦後処理」（しかも法的にはしなくていいこと）と考えられ、慰安婦問題をめぐる「謝罪と補償」が〈植民地支配後処理〉であることを明確にしなかった。意識もしていなければ、意味づけもしなかったと言えるだろう。

しかも、それはあくまでもあいまいかつ非公式に行われた謝罪にすぎなかった。公式の窓口がなかったためと言えるが、公の場でなされていないせいで、過去への謝罪が韓国人に記憶される機会もそこでは失われていた。（二五三頁）

こうして「戦後史」は、反植民地主義を欠落させた歴史から、世界に率先して「植民地支配謝罪」をした歴史に修正される。日本軍「慰安婦」問題が解決しないのは、大日本帝国からの連続性を克服できず、反植民地主義が不在であった「戦後民主主義」の致命的な欠陥ゆえではない。世界に先駆けて植民地支配の反省をしてきた「戦後日本」の歩みと国民基金の真意を誤解する韓国のせいなのだ。〈植民地の後遺症〉ゆえに「帝国の慰安婦」だった記憶を隠蔽し、トラウマのために「反日ナショナリズム」にとりつかれている被害者や挺対協を宥めるためにも、日本は何かしてあげるべきではないのか。朴裕河はこう日本の読者に呼びかけたのである。

日韓協定の見直しに反対し、韓国憲法裁判所の決定を繰り返し批判するのもそのためだ。朴裕河は日韓協定再協商論に対し「一部の学者が主張するように、日韓協定自体を揺るがすのは、あまりにも問題が複雑になる。それは学術的・法的・政治的議論になるほかなく、そのような議論はいまの関係を根底から崩すものなので、両国関係をいま以上に壊してしまうだろう。協定をとりあえず守るのは、単に国家間の約束だから守るといった形式的意義以上の意味がある」(二五二頁)と否定する。朝鮮語版では「そうすれば国家としての信頼は壊れてしまうほかない。また前にもみたように、韓日合邦が日本の国民になろうという約束であった以上、「慰安婦」動員を「法的」に問題とすることもできないのである」(韓、二六三頁)と、より明確に韓国併合に関する条約の「不法論」を批判し、「国家としての信頼」が壊れるため日韓協定の見直しはするべきではないと説く。

朴裕河のこうした「責任論」の問題点は、憲法裁「決定」の以下の指摘と対置すると鮮明になる。

特に、韓国政府が直接、日本軍慰安婦被害者たちの基本権を侵害する行為をしたのではないが、上の被害者たちの日本国に対する賠償請求権の実現、及び人間としての尊厳と価値の回復において、現在の障害状態がもたらされたことは、韓国政府が請求権の内容を明確にせず、「すべての請求権」という包括的な概念を使って、この事件の協定を締結したことにも責任があるという点に注目するなら、被請求人〔韓国政府〕にその障害状態を除去する行為に進むべき、具体的な義務があることを否認するのは難しい。(傍点引用者)

憲法裁判所の「決定」は、韓国政府にも責任があるがゆえに、そこから排除された人びとの基本権を保護する「具体的な義務」がある、と論じたものだった。もちろん、韓国政府に責任があるといっても、憲法裁判所は請求人たちの賠償請求権が請求権協定によって失われたと主張したわけではない。むしろ日韓交渉でほとんど議論されなかった問題があり、依然として請求権があると主張する人びとがおり、そこに相応の根拠がある以上、協定に基づき解決するべき義務があると判断したのである。協定を締結したのだから、これを批判するのは無責任とする朴裕河と、問題のある協定を締結したからこそ韓国政府には「障害状態を除去する」義務があるとする憲法裁「決定」、どちらが「責任」ある判断かは明らかではないだろうか。

阿部浩己が指摘したように、〈一九六五年体制〉への反省を迫るこれらの司法判断は、第二次世界大戦中の不法行為に対するイタリアやギリシアの司法判断などと並ぶ、「二一世紀を〈再びの一九世紀〉ではなく、二〇世紀の次の世紀に真にふさわしいものにするために」生じている「過去を召喚する潮流」「植民地主義を克服せずして二一世紀はありえない、という思潮の広がり」の一つであった(26)。おそらくそれゆえに、朴裕河は憲法裁判所の決定は絶対に受け容れられないのである。

朴裕河の呼びかけを待ち望んでいた人は決して少数ではあるまい。「戦後」を反省してきた歴史として修正する傾向は、日本の言論界全体に広がっているからだ。「戦後七〇年」に際しての安倍晋三首相の談話（安倍談話）は、戦後の日本は侵略と植民地支配への「悔悟」の誓いとともに出発し、「先の大戦」の行為について、繰り返し「反省」と「お詫び」を繰り返してきた、と語った。安倍談話を警戒して出された「国際政治学者や歴史学者ら七四人」（代表・大沼保昭、三谷太一郎）の声明「戦後七〇年総理談話について」も(27)同じく、「戦後の復興と繁栄をもたらした日本国民の一貫した努力は、台湾、朝鮮の植民地化に加えて、一九三一―四五年の戦争が大きな誤りであ」ることへの「痛切な反省に基づき、そうした過ちを二度と犯さないという決意に基づくものでありました」と述べた。一方はこれまで謝ってきたのだからもう終わりにしようといい、他方はこれまで謝ってきた実績を壊してはならないという。

だがこれは偽りの歴史ではあるまいか。「戦後」の戦争観において一貫して加害意識が欠如してきたことは、多くの歴史研究が指摘するところである(28)。対外的にはサンフランシスコ講和条約により東京裁判の判決を受諾した姿勢を示さざるを得なかったが、内では大日本帝国の論理を延命させ、侵略戦争や植民地支配への徹底した反省と否定を国内の規範としない「ダブル・スタンダード」が貫かれた。だからこそ、かつて日本史研究者の松浦玲は日中国交回復に際して次のように主張した(29)。

私は、いま騒がれている日中国交回復とか日中友好とかに、あまり賛成でない。それには、いろいろ理由があるのだが、それはさておき、ここで一つの提案をしておこう。もし本当に日中友好とか国交回復とか言うのであれば、日本はまず、中国を侵略した戦争の〝功労〟に対する叙勲をすべて取り消せ。また、中国を侵略した〝功労〟を含む旧軍人の階級に対して与えられている軍人恩給をとりやめろ。中国から要求されて（そんな要求はしてこないだろうが）取り消すのではなくて、自発的に取り消せ。それをやることがどんなにつらく、どんなに大変かを身にしみてわかって、はじめて、日本人の対中国観およびそれと裏腹の関係にある自国についての国家観は、幾分でも是正され、本当の意味での国交、日中友好が、少しはできるだろう。

これは朝鮮への侵略にもそのままあてはまる。「ダブル・スタンダード」に甘えず、アジアへの「反省」を言葉だけではなく示すことは、松浦のいうような「大日本帝国」の徹底した否定なしにはありえない。だが、こうした真の「反省」の徹底は、激しい対立を日本社会に生じさせただろう。「戦後日本」の真の歴史は、「大日本帝国」を否定することにより生じる葛藤を避けた、むしろ「大日本帝国」と共存することを選んだ歴史だったのではあるまいか。日本軍「慰安婦」の被害者たちが問うたのは、そうした「戦後」の姿だった。

『帝国の慰安婦』を絶賛することで、再び日本社会はこの問いかけをなかったことにしようとしている。現実の歴史を直視せず、苦闘を回避したまま、歴史を偽造して「反省してきた」という栄誉だけは得ようとする知的・道徳的頽廃が、本書を礼賛する現象の背後に作用していると指摘せざるをえない。『帝国の慰安婦』事態とは、「日本軍無実論」による「大日本帝国」肯定願望と「戦後日本」の肯定願望という「二つの歴史修正主義」にとりつかれた人びとの欲望が生み出した産物なのである。

6. 終わりに＝忘却のための「和解」に抗して

昨年一二月二八日に日韓外相が発表した日本軍「慰安婦」問題についての「合意」（【資料1】参照）は、果たして「平和の少女像」とともに被害者たちが待っていた「解決」となったのであろうか。

岸田外務大臣は、「慰安婦問題は，当時の軍の関与の下に，多数の女性の名誉と尊厳を深く傷つけた問題」であり「日本政府は責任を痛感している」ことを認め、安倍首相は「心からおわびと反省の気持ち」を示すとした。そのうえで、韓国政府が設立する被害者支援のための財団に日本政府が一〇億円を一括拠出し、両国が協力して事業を行うことを表明した。

安倍首相が、ひとまずは河野談話の文言を継承する意思表示をしたことを評価する声は少なくない。だが被害者たちが待っていたのは河野談話のレベルの言葉ではない。一九九三年の河野談話は「軍の関与」という責任の主体をあいまいにした文言にとどまった。一つの、しかも不十分な出発点に過ぎなかった。河野談話の曖昧さを払拭し、はっきりと法的責任を認めて補償し、真相を究明し、歴史教育において語り続けることが求められていた。一九九五年に日本政府が試みた「女性のためのアジア平和国民基金」（以下、「国民基金」と記す）の事業が多くの被害者たちに拒否されたのも、この点があいまいだったからだ。だが日本政府は今回も「関与」というあいまいな表現に留まり、日本軍の責任と戦争犯罪である事実は認めなかった。実際に「合意」後の国会で安倍首相は、「軍の関与」について、「慰安婦の募集については、軍の要請を受けた業者が主としてこれに当たった」と主たる責任が業者にあるように説明した（二〇一六年一月一八日参議院予算委員会）。吉見義明の指摘した通り、こうした責任の所在をあいまいにした「おわび」は「被害者をふたたび愚弄すること」だ(1)。

にもかかわらず、韓国の尹炳世外交部長官はこれで「この問題が最終的かつ不可逆的に解決されることを確認」し、日本側の措置の着実な実施を前提に「国連等国際社会」で今後「慰安婦」問題について「互いに非難・批判することは控える」ことを表明した。しかも、少女像について「可能な対応方向について関連団体との協議を行う等を通じて，適切に解決されるよう努力する」と約束した。

日本政府の「懸念」とは何か。少女像は、長らく日本政府や極右・保守系メディアの激しい反発の的であったというこれまでの経緯をふまえれば、「合意」の意味するところは明らかである。すなわち、韓国政府は少女像を大使館前から撤去するため挺身隊問題対策協議会に働きかけることを日本政府に約束したのである。

もし日本軍「慰安婦」問題の解決があるとすれば、その必要条件は日本政府が戦争犯罪であることを認めて被害者たちに謝罪と補償をしたうえで、真相究明と再発防止、そして加害の事実を責任をもって語り継ぐことであろう。だが今回の「合意」は、「日本政府の反省と悔い改め、法的賠償」がなされなかったのみならず、日本国内での歴史教育や追悼・記念事業にも何ら言及しないばかりか、韓国内の日本大使館前でそれを問い続けることそれ自体を否定したのである。これは解決とはほど遠いものであり、異論を封じ込め、忘却するための「合意」であるというほかない。

ところが「合意」に対する日本国内での評価はきわめて高い。「合意」をめぐり無効・白紙化を求める運動があられわれ、その評価をめぐり対立が生じている韓国の状況とは極めて対照的である。長らく少女像を批判し続けてきた『産経新聞』などの極右系メディアのみならず、中道系メディアも「画期的な合意」(『毎日』社説、一二月二九日付)、「新たな日韓関係を築くうえで貴重な土台」(『朝日』社説、同日付)と、少女像撤去も含めて「合意」を評価し、韓国政府に被害当事者や支援者や市民団体を適切に説得するよう求めている。全国紙では「合意」への評価で基本的な論調が統一されたといってよいだろう。特に少女像への反発は、『産経』などの極右メディアのみならず、日本のメディア全体に共有されていると考えるほかない。変わらねばならないのは、被害者たちの方であり、あとは韓国の問題だというわけだ。『帝国の慰安婦』の示した「和解」論そのものといえよう。

今回の「合意」において韓国政府は当事者の説得と少女像の日本大使館前からの撤去も含めた交渉の担当、という役割を引き受けた。いわば日本政府は、異論の封じ込めを韓国政府に「外注」したのである。もはや日本政府には、自ら交渉する手間すら存在せず、「合意」は問題を韓国の国内問題にすり替えてしまった。「合意」に異論のある者たちは、今後は日本政府のみならず、その前に立ちはだかる韓国政府をまずは相手にせねばならない。

だが『帝国の慰安婦』の「和解」論の枠組みに従えば、韓国政府が挺対協や被害者たちの責任追及の声を封じ込めることは、むしろ望ましいこととなろう。朴裕河は『帝国の慰安婦』において経済協力や「償い金」を「補償」と呼ぶことで一九九〇年代の過ちを日本社会が直視する責任を解除する役割を果たした。「合意」において、日本政府は日本軍「慰安婦」制度が戦争犯罪であることを認めてはいない。原点において問われていたことは何も解決していないにもかかわらず、『帝国の慰安婦』の用語法にならえば、これもまた「補償」であるということになろう。それどころか、『帝国の慰安婦』の歴史認識を前提にした「和解」は、日本社会にとって都合のよい「慰安婦」像を、現実の被害者たちに強要することになりかねない。

日韓外相「合意」をめぐる日本のメディアの歓迎ぶりは、『帝国の慰安婦』事態という「和解」のプロジェクトの必然的な結果であったように思う。日本社会の望む「和解」のプロジェクトで重視されたことは何か。朴裕河を日本の言論界に紹介するうえで重要な役割を担った和田春樹はかつて次のように書いた(2)。

日本の保守派・右翼的ナショナリストが日韓の和解を妨げていることはいうまでもない。彼らは和解を望まないし、むしろ対立をあおることに意義を見出している。他方で、日本の左翼は日本の国家と国民を批判して、韓国の日本批判に同調し、批判的な日韓連帯を作り出そうとしている。日本の左翼は少数派だが、韓国で日本を批判する人は国民の多数である。しかし、このような日韓連帯からは日韓の和解を作り出すことは難しい。なぜなら日本の中道的な多数派とメディアは動揺し、混乱し、自信をつけた右翼の声に従わされているからである。

「中道的な多数派とメディア」の動揺と混乱を鎮めるような解決案――これこそが期待された「和解」であった。全国紙の歓迎ぶりからみても、今回の日韓外相「合意」は和田のいう条件を満たすものだったことは間違いない。そして、『帝国の慰安婦』もまた、「中道的な多数派とメディア」も受け入れ可能な「慰安婦」像を提示するために、書かれたものであった。朴裕河は「九〇年代以降、日本と韓国の進歩が日本政府を信頼しなかった」結果は、「二〇年前よりもより多くの慰安婦問題に反発する人びとを作り出した」ことであった主張しており(韓、三〇五頁)、明らかに和田の「和解」論を意識して書かれている。

だがその結果、日本社会において、「保守派・右翼的ナショナリスト」の「慰安婦」認識は修正されたのであろうか。『帝国の慰安婦』が提示した「慰安婦」認識に関して言えば、明らかに「否」である。『帝国の慰安婦』は、「保守派・右翼的ナショナリスト」と「中道的な多数派とメディア」の双方に受け入れられる「慰安婦」像を目指したがゆえに、秦郁彦の事実認識を基本的に受け容れ大日本帝国の論理による「慰安婦」像の再解釈を示す一方で、「戦後日本」の反省をできるかぎり過大評価するという「二つの歴史修正主義」を同時に満たすような著作になった。『朝日』『毎日』に始まり、今日では櫻井よし子までもが「歴史の真実を見据えた発言」と絶賛するに至ったことからもわかるように(3)、こうした『帝国の慰安婦』の「和解」の試みは少くとも日本社会においては「成功」をおさめたが、その結果、日本軍の責任を問う声は沈黙を強いられることになった。

『帝国の慰安婦』の「成功」の代償はあまりに大きい。『帝国の慰安婦』は被害の実態を明らかにするどころか、むしろ被害者たちの声は本当の「記憶」を表現したものではない、言葉通り受け取る必要などない、『帝国の慰安婦』こそが本当の「記憶」だ——こう耳元で囁き、慰める役割を果たした。結果として、『帝国の慰安婦』が日本社会にもたらしたものは、被害者たちの声に向き合うことを拒否する口実を与えることだったのではないか。そして、こうした歪んだ「慰安婦」像の流通による最大の犠牲者は、現実に日本軍によって「慰安婦」とさせられた被害者たちなのである。

だからこそ、『帝国の慰安婦』をめぐる裁判を、気に食わない歴史認識を排撃する韓国の「反日ナショナリズム」が招いた言論弾圧事件であると考える立場に与することはできない。「抗議声明」は「この本によって元慰安婦の方々の名誉が傷ついたとは思え」ないと指摘し、呼びかけ人の一人は被害者たちは本書を誤読しているとも主張しているが、こうした人びとこそが『帝国の慰安婦』を誤読しているのである。

被害者たちが朴裕河を訴えた最大の理由は、本書を通じて、自身らも含む「慰安婦」たちが日本軍の「協力者」であり「同志」であったという虚偽の事実を流布された、というところにあった。これまでみたように、本書は日本軍「慰安婦」の本質は戦争遂行に協力する「愛国」的存在であり、日本兵と「同志的関係」にあり「同志意識」を有していた、と主張している。日本軍の責任を過小評価する「日本軍無実論」の見解を踏襲するのみならず、

「慰安婦」たちの主観的な意識にまで踏み込んだのが、本書の「帝国の慰安婦」論の独自性であった。

もちろん、本書は日本軍の責任をすべて否定したわけではない。だが、朴裕河の歴史修正主義批判は、右に指摘した事実認識に立脚したうえで日本の責任を極小化し、かつての「帝国」統治者としての意識、すなわち「帝国意識」に呼びかけるものであった。名乗りをあげた被害者たちはこうした論理による救済を求めたわけではなく、むしろ「慰安婦」という存在を作り出した不正義をただすことを日本政府に求めたのではなかったか。本書の日本「批判」の存在は、それゆえに被害者たちの怒りが「誤読」であることの証拠にはならない。むしろ、かような論法での日本「批判」だからこそ、被害者たちは自らの名誉が傷つけられたと考えたのではあるまいか。

しかも、朴裕河がこれらの主張を展開するにあたり、研究者としての職業倫理に適った実践と遵守すべき手続に従ったとは判断しがたい。妥当とはいいがたい方法で史料や証言、文献を解釈しており、第2章で指摘したように日本軍「慰安婦」制度や日韓会談、戦争責任、植民地支配責任に関する研究を正確に理解していない。第3章でみた千田夏光の参照例のように、著者が書いてもいないことがあたかも著者の主張であるかのように示したり、第4章の日韓会談や戦後補償裁判の研究の場合のように正反対の主張の「根拠」として先行研究を用いるケースすらある。日本軍「慰安婦」問題を論じる必要最低限の知的準備が整っていないというほかない。

何より大きな問題は、朴裕河が最も強調した「女性たちの声」の扱い、すなわち「慰安婦」被害者たちの証言の解釈が、あまりに恣意的なことだ。証言の断片が、証言者たちの生から切り離されて一般化され、証言者たちが語った経験は、その固有の生のなかに位置付けられるのではなく、朴裕河の「帝国の慰安婦」論に沿って「解釈」される。もし個々人の名をあげて具体的な事例を指摘し、このような「声」もあったと紹介するに留まったならば、本書はこれほどまでに被害者たちの憤激を買ったであろうか。「慰安婦」の「本質」について一般化して語ったからこそ、被害者たちは自らの名誉と尊厳が侵害されたと考えたのではないだろうか。

以上の理由から、「誤読」との批判はあてはまらず、被害者たちが本書により自らの名誉が傷つけられたと考えたのには、相応の根拠があるとみるのが妥当であろう。韓国の国家権力による言論弾圧事件である、という見方はあまりに一面的である(4)。そもそも今回の起訴は元日本軍「慰安婦」被害者たちが、『帝国の慰安婦』の記述により名誉を毀損されたと考え告訴したことに発する。もちろん、言論に対しての刑事罰による制裁が妥当かについては議論の余地があろうが、日本の知識人たちの「抗議声明」のいうように、検察による「学問や言論の自由」の封殺に還元できるものではない。国家保安法違反事件のように国家権力が国家的／社会的法益保護の観点から特定の歴史観や主張を取り締まろうとしたものではなく、あくまで被害者女性たちの名誉、すなわち個人的法益が侵害されたとの訴えを出発点としていることに充分留意すべきであろう。「抗議声明」の賛同人でもある大江健三郎は、かつて柳美里「石に泳ぐ魚」の出版禁止事件に際して「発表によって苦痛をこうむる人間の異議申し立てが、あくまでも尊重されねばなりません。それなしでは、言論の自由、出版の自由の人間的な基盤がゆらぐことになりかねません」との立場を表明したが(5)、朴裕河の名誉毀損の問題も同様の観点が必要である。

確かに現在、韓国の市民的自由は危機的な状況にあるといってよい。集会・結社の自由の根幹が揺らいでおり、民事・刑事を問わず名誉毀損法制が権力者による言論弾圧の道具として用いられているのも事実である。そうした意味で、今回の事件が「言論弾圧」のフレームで語られてしまう一因を作り出したのは、自らへの不信感を生み続けている韓国検察にあることは強調しなければなるまい。「ナヌムの家」の女性たちは適法的な手続きを経て告訴したにもかかわらず、論点を誤導する日本のメディアや知識人と、正義を果たさない検察のために「言論弾圧」への加担者の汚名を着せられ、二重の被害にあっているといえよう。

だが繰り返しになるが、裁判の出発点はあくまで「慰安婦」とさせられた被害者たちの怒りであり、そこには相応の根拠がある。むしろ考えねばならないのはこのような問題の多い著作である『帝国の慰安婦』を絶賛する日本社会の問題である。本書は「全面的、実証的、理性的、かつ倫理的な分析」（田中明彦）や「歴史的な作品」（鎌田慧）、あるいは「慰安婦」問題を考えるうえでの「不動の恒星」（高橋源一郎）といった評価に見合うような著作ではない。むしろ「慰安婦」問題を扱う著作に求められる最低限の歴史的事実への理解や手続を備えておらず、研究倫理の面においても問題があるといわざるをえない。

にもかかわらず、なぜこれほどまで絶賛されるのか。第5章でみたように、そこに『帝国の慰安婦』と日本のナショナリズムとの親和性を見出さざるをえない。『帝国の慰安婦』の肯定的評価自体が、ある種のナショナリズムの表出であるという指摘は、多くの人々にとって受け入れがたいものであろう。『帝国の慰安婦』を讃える日本の知識人たちは、日韓のナショナリズムをいずれも批判しており、自らはこれらのナショナリズムから超越していると考えるはずだからである。

だが『帝国の慰安婦』事態は、「リベラル」な知識人たちの「戦後日本」の肯定を欲するナショナリズムなしには起こりえなかった現象である。日本軍「慰安婦」問題が一九九〇年代の日本社会に問うたのは、「慰安婦」制度を創出した大日本帝国の責任であると同時に、それと向き合わずに日韓条約で「解決」したことにしてしまった「戦後日本」の責任でもあった。「国民基金」は「慰安婦」制度が戦争犯罪であることを認めず、さらには日韓条約の論理も否定せずに、戦後日本国家の連続性のうえで問題を「解決」しようとする弥縫的対応であったがゆえに、多くの当事者たちに拒否された。『和解』や『帝国の慰安婦』は、韓国人女性の立場から、この拒否を韓国の「反日ナショナリズム」として一括りにして批判し、一方で「戦後日本」を肯定したからこそ歓迎されたのではないか。『帝国の慰安婦』事態のイデオロギー的背景には、こうした「戦後日本」の肯定を欲するナショナリズムがあるといえよう。

これまで検証したように、本書の歴史的事実の理解はあまりに不正確かつ杜撰であり、日本軍「慰安婦」問題について知ろうとする意思さえあれば、その誤りは容易に見抜くことができる。証言や小説の解釈や、偽の二項対立の設定、「動員」「奴隷」「植民地」といった概念の内容のすりかえも、さして巧みなわけでもない。批判精神を持ち、真摯に本書に向きあえば、朴裕河の「真意」は苦もなく理解することができるはずだ。

それゆえ『帝国の慰安婦』事態から読み取るべきことは韓国の「反日ナショナリズム」ではなく、かつて徐京植が指摘したような日本の「市民派リベラル」の「頽落」現象なのである(6)。徐は二〇〇二年に「頽落」について次のように指摘した。

真摯で率直な言葉、真っすぐで素直な態度、正義への純粋な希求、他者への同情と共感、誠実な内省と自己批判——これらのものを、知識人や言論人の多くが揶揄し冷笑している間に頽落は加速化してしまった。「ナショナリズムだ」とか「糾弾だ、審問だ」などといって、他者からの批判や呼びかけに耳をふさいでいる間に、頽落から踏みとどまるチャンスすら掴みそこねたのだ。

『帝国の慰安婦』を礼賛した人びとは、徐のこの指摘を銘心すべきである。この文章が書かれた当時、徐が想定していたのは、加藤典洋『敗戦後論』の歓迎に代表される一九九〇年代以来の「市民派リベラル勢力の自己崩壊ないし変質」現象であった。日本右派の攻撃と弾圧により崩壊するのではなく、「証言の時代」が求めた応答責任から逃れるため、自ら頽廃し転落する「市民派リベラル」たち——『帝国の慰安婦』事態とはまさしく徐のいう日本言論界の「頽落」の終着点なのである。

註

●第1章　『帝国の慰安婦』、何が問題か

1　北原恵「ハルモニ達とともに、日本大使館を見つめ続ける――ソウル「平和の碑」慰安婦像の制作者に聞く」、『インパクション』第一八五号、インパクト出版会、二〇一二年六月、一六七頁。「平和の少女像」については岡本有佳「《少女像》はどのようにつくられたのか　作家キム・ソギョン、キム・ウンソンの思い」日本軍「慰安婦」問題webサイト制作委員会編、金富子・板垣竜太責任編集『Fight for Justiceブックレット三　Q&A朝鮮人「慰安婦」と植民地支配責任　あなたの疑問に答えます』御茶の水書房、二〇一五年及び、日本軍「慰安婦」問題webサイト制作委員会編、岡本有佳・金富子責任編集『〈平和の少女像〉はなぜ座り続けるのか』世織書房、二〇一六年を参照。

2　＊韓国挺身隊問題対策協議会二〇年史編纂委員会編『韓国挺身隊問題対策協議会二〇年史』ハヌルアカデミー、二〇一四年、二五九―二六一頁。以下、朝鮮語の著作・論文については＊印を付して書誌情報を日本語訳する。原タイトルについては参考文献一覧を参照されたい。

3　「慰安婦像」という呼称は後述するように「少女像」の制作に関わった人びとの意図を歪めるものである。この少女像

を日本の全国紙四紙は「少女像」「慰安婦像」「慰安婦少女像」と呼んでいたが、一二月二八日の「合意」以後の報道では『朝日新聞』『毎日新聞』は「少女像」に呼称を統一したようである。『産経新聞』は引き続き「慰安婦像」「慰安婦少女像」と呼び、『読売新聞』は「慰安婦像」「少女像」の両者を用いている。

4　以下、『帝国の慰安婦』からの引用は原則として日本語版からとし本文中に頁数を付す。韓国で出版された朝鮮語版から引用した際には「韓、＊頁」と明記する。

5　第二版には「第二版序文　植民地のアイロニー」及び「付録一　慰安婦問題、再び考えねばならない理由」（二〇一四年四月二九日に開かれたシンポジウム「慰安婦問題、第三の声」の発題文）、「付録2　日本の歴史家たちを支持する声明」（朝・英・日語）が付け加えられた。

6　例えば毎日新聞特別編集委員の山田孝男は、告訴後の状況について、「いかなる対日譲歩も認めぬ韓国の世論、マスコミを背景に、著者への批判がなされている」とし、「韓国は、「日韓併合」に理解を示した作家が逮捕され、言論界から追放された（二〇〇二年）国だ。朴教授も逮捕されるか？」と「親日」へのバッシングという脈絡で位置づけた（『毎日新聞』二〇一四年一二月二二日付・朝刊）。

7　当初の賛同人は以下の五四人である。浅野豊美、蘭信三、石川好、入江昭、岩崎稔、上野千鶴子、大河原昭夫、大沼保昭、大江健三郎、ウイリアム・グライムス、小倉紀蔵、小此木政夫、アンドルー・ゴードン、加藤千香子、加納実紀代、川村湊、木宮正史、栗栖薫子、グレゴリー・クラーク、河野洋平、古城佳子、小針進、小森陽一、酒井直樹、島田雅彦、千田有紀、添谷芳秀、高橋源一郎、竹内栄美子、田中明彦、茅野裕城子、津島佑子、東郷和彦、中川成美、中沢けい、中島岳志、成田龍一、西成彦、西川祐子、トマス・バーガー、波多野澄雄、馬場公彦、平井久志、藤井貞和、藤原帰一、星野智幸、村山富市、マイク・モチズキ、本橋哲也、安尾芳典、山田孝男、四方田犬彦、李相哲、若宮啓文（計五四名、五十音順）。後に以下の一一名が加わった（二〇一六年一月一九日現在）。山室信一、ダニエル・スナイダー、アンドリュー・ホルバート、ポール・ミッドフォード、ジュリオ・プリエセ、尾山令仁、小林孝吉、鳥羽耕史、川人清、アレクサンダー・ブッフ、安倍オースタッド玲子、楊大慶、ピーター・ドゥス。抗議声明文は【資料4】、出典：webサイト「朴裕河氏の起訴に対する抗議声明」〈http://www.ptkks.net/〉を参照。

8　＊『プレシアン』二〇一五年一二月九日付。

9　現代日本における「リベラル」なる語の持つ含意は、必ずしも明確ではない。思想的には保守主義者、ナショナリスト、共産主義者である者も「リベラル」を自任することがあり、政治的には自民党員や共産党員を含む場合もある。自由主義思想の信奉者であるとか、民主党支持者であることを意味するわけではないのである。

「リベラル」なる語は、むしろ何らかの「「極端」ではない規範」を緩やかに共有する集団、程度の意味で用いられていると考えられる。つまり「リベラル」の判定基準において決定的な要素は、ある特定の規範を拒否しているかどうかなのである。だとすれば拒否すべき「「極端」な規範」（「思想」ではない）とみなされるものは何かが重要な問題となる。おそらくこの語は一九八〇―九〇年代における日本の「戦後革新」の転向過程であらわれたものと考えられるため、歴史的な分析が不可欠であるが、筆者は日本軍「慰安婦」問題はその重要な手がかりとなると考えている。つまり、「リベラル」知識人が「慰安婦」問題にある共通する反応を示しているのではなく、「慰安婦」問題における特定の規範の拒否を通じて、「リベラル」なる共通意識が形成された可能性を検討すべきなのである。

その際の試金石はおそらく「反日ナショナリズム」（「ナショナリズム」一般ではない）の評価である。金光翔は一九九〇年代から二〇〇〇年代にかけて「東アジア諸国の民衆からの歴史認識に関する対日批判の声をまともに受け止めず、過剰な「反日ナショナリズム」として否定し去りたいという衝動が、護憲派まで含めてジャーナリズム内に蔓延していた」という。その背景は歴史的に「「戦後民主主義」に反植民地主義の認識がほとんど欠落」していたため、「九〇年代以降の歴史認識・戦後補償をめぐる対日批判において、問われていたのは日本国家の法的・政治的責任であり、主権者たる日本国民の法的・政治的責任であったにもかかわらず、日本のリベラル・左派の多くがその「応答」に失敗したこと」があると指摘する（金光翔「〈佐藤優現象〉批判」『インパクション』第一六〇号、二〇〇七年一一月）。その責任を「リベラル」な価値に到達しない韓国の「反日ナショナリズム」に転嫁するのである。「リベラル」の形成と『帝国の慰安婦』の受容を考える際にこの指摘はきわめて重要な手がかりになる。挺対協批判を行う朴裕河を、多くの日本の知識人たちが批判しきれないのは、「リベラル」なる共通意識の形成に、対日批判に応えそこなったがゆえの「反日ナショナリズム」の拒否が内在しているからである。

10　高橋源一郎「論壇時評　記憶の主人になるために」『朝日新聞』二〇一四年一一月二七日付・朝刊。
11　杉田敦「根源は家父長制・国民国家体制」『朝日新聞』二〇一四年一二月七日付・朝刊。
12　同前。なお、杉田は朴が「運動団体から告訴され、著者は韓国で攻撃の的となっている」と記しているが、告訴したのは被害者たちであって運動団体ではない。
13　山田孝男「風知草　受賞のことば」『毎日新聞』二〇一五年一一月一六日付・朝刊。同賞の選考委員は北村正任（アジア調査会長）、田中明彦（国際協力機構理事長）、渡辺利夫（拓殖大学総長）、白石隆（政策研究大学院大学学長）、伊藤芳明（毎日新聞社主筆）で、外務省、文部科学省、経済産業省が後援している。
14　「第一五回『石橋湛山記念 早稲田ジャーナリズム大賞』贈呈式 総長式辞・講評および受賞者あいさつ」〔https://www.waseda.jp/top/news/35621〕（二〇一六年一月三〇日確認）。
15　上野千鶴子「解説　あえて火中の栗を拾う――朴裕河『和解のために』に寄せて」朴裕河（佐藤久訳）『和解のために　教科書・慰安婦・靖国・独島』平凡社ライブラリー、二〇一一年、三〇六頁。
16　大沼保昭「（私の視点ワイド）日韓和解　朴裕河氏が込めた思いとは」『朝日新聞』二〇〇八年一月三一日付・朝刊。
17　久保田るり子「一点視界・一天四海　朴裕河氏の『和解のために』再読――日韓国交正常化五〇周年と真摯に向き合うために」『外交』（外務省発行）第二三号、二〇一四年、一〇四頁。
18　上野は日本の女性団体についても「日本の「良心的」な女性団体は、これを指摘することに躊躇し、かえって全面的に同調することを選んだ。「加害者国民意識」からである。それは被害国民を尊重すると見えて、かえって対等には見ないパターナリズムではなかったか」と批判している（三一〇頁）。
19　岩崎稔・長志珠絵「「慰安婦」問題が照らし出す日本の戦後」成田龍一・吉田裕編『記憶と認識の中のアジア・太平洋戦争――岩波講座アジア・太平洋戦争　戦後篇』岩波書店、二〇一五年、二四四―二四五頁。なお岩崎・長は「朴裕河はさらに『帝国の慰安婦』を通じて、これらの論点を敷衍している。問題は朴の議論にそのまま賛同できるかどうかではない。批判の論点をデフォルメしたり、はっきり言語化しないまま、朴の言説があてこすりで片づけられてしまうそのあり方である。韓国では、『帝国の慰安婦』の出版差し止めを求める訴訟が起こされた。」と指摘するが、『帝国の慰安婦』批判が論点の「デフォルメ」や「あてこすり」であるという岩崎・長の批判には同意できない。岩崎・長は「朴の指摘は正しいと日本人である本稿の著者が述べるこの配置自体が、かつて植民地支配を受けた人からすれば、ますます受け入れがたいことかもしれない」と批判者が朴裕河を肯定的に評価する者の民族的帰属にこだわっているかのように記すが、『帝国の慰安婦』批判はいずれも問題を具体的かつ実証的に指摘するものであって「あてこすり」とは言いがたい。また、この書き方では挺対協が訴訟を起こしたかのような誤解を招きかねない。

20 ＊若宮啓文「【寄稿】朴裕河教授の起訴に抗議した真意」『朝鮮日報』二〇一五年一二月二一日付。

21 徐京植「和解という名の暴力——朴裕河『和解のために』批判」『植民地主義の暴力』高文研、二〇一〇年、八一頁。

22 『和解』への批判としては、金富子「「慰安婦」問題と脱植民地主義——歴史修正主義的な「和解」への抵抗」同『継続する植民地主義とジェンダー「国民」概念・女性の身体・記憶と責任』世織書房、二〇一一年のほか、中野敏男「日本軍「慰安婦」問題と歴史への責任」、同「戦後責任と日本人の「主体性」」金富子・中野敏男編『歴史と責任「慰安婦」問題と一九九〇年代』青弓社、二〇〇八年、早尾貴紀「「和解」論批判——イラン・パペ「橋渡しのナラティヴ」から学ぶ」『季刊戦争責任研究』第六一号、二〇〇八年秋号、尹健次「むすびにかえて」『思想体験の交錯——日本・韓国・在日一九四五年以後』岩波書店、二〇〇八年、高和政・鄭栄桓・中西新太郎「座談会いまなぜ、「和解」が求められるのか？」『前夜NEWS LETTER』第四号、二〇〇八年五月、宋連玉『脱帝国のフェミニズムを求めて』有志舎、二〇〇九年、前掲徐京植「和解という名の暴力——朴裕河『和解のために』批判」、西野瑠美子「被害者不在の『和解論』を批判する」、西野瑠美子・金富子・小野沢あかね責任編集『「慰安婦」バッシングを越えて「河野談話」と日本の責任』大月書店、二〇一三年、鈴木裕子「日本軍『慰安婦』問題と『国民基金』解説編」鈴木裕子編・解説『資料集日本軍「慰安婦」問題と「国民基金」』梨の木舎、二〇一一年などを参照。

23 拙稿「歪められた植民地支配責任論——朴裕河『帝国の慰安婦』批判」、『季刊戦争責任研究』第八四号、日本の戦争責任資料センター、二〇一五年六月、＊同「日本軍『慰安婦』問題と一九六五年体制の再審——朴裕河『帝国の慰安婦』批判」、『歴史批評』第一一一号、歴史批評社、二〇一五年夏。

24 前掲日本軍「慰安婦」問題webサイト制作委員会編『Fight for Justiceブックレット3 Q&A朝鮮人「慰安婦」と植

民地支配責任』所収の金富子、梁澄子論考のほか、金富子「混迷する『慰安婦』問題を考える　朝鮮人「慰安婦」と植民地支配」『静岡県近代史研究』四〇号、二〇一五年、林博史「補論　『和解』をめぐって」『日本軍「慰安婦」問題の核心』花伝社、二〇一五年、能川元一「千田夏光『従軍慰安婦』は『帝国の慰安婦』においてどのように援用されたか」、『季刊戦争責任研究』第八五号、二〇一五年一二月、前田朗「植民地解放闘争を矮小化する戦略――朴裕河『帝国の慰安婦――植民地支配と記憶の闘い』（朝日新聞出版）」『社会評論』第一六九号、二〇一五年四月を参照。

●第2章　日本軍「慰安婦」制度と日本の責任

1　＊朴裕河「『帝国の慰安婦』起訴に対する立場――私は慰安婦のハルモニたちを貶めていません」『The Huffington Post Korea』二〇一五年一二月二日〔http://www.huffingtonpost.kr/yuha-park/story_b_8695314.html〕（二〇一六年一月二五日確認）。

2　永井和「『慰安婦』問題　破綻した『日本軍無実論』」『世界』第八七三号、岩波書店、二〇一五年九月、一六〇―一六一頁。

3　同前、一六〇頁。

4　秦郁彦「偏った『慰安婦』像を偽造した河野談話」『現代史の虚実　沖縄大江裁判・靖国・慰安婦・南京・フェミニズム』文藝春秋、二〇〇八年、一四四―一四六頁。

5　同前、一四六頁。

6　秦郁彦「慰安婦　事実を見据えるために」『週刊文春』二〇一五年五月七・一四日ゴールデンウィーク特大号〔五七巻一八号〕、一四六頁。

7　研究の現状については前掲林博史『日本軍「慰安婦」問題の核心』を参照。

8　前掲金富子「『慰安婦』問題と脱植民地主義」一七一頁。

9　朴裕河「『あいだに立つ』とは、どういうことか　「慰安婦」問題をめぐる九〇年代の思想と運動を問いなおす」『インパクション』一七一号、二〇〇九年、一四一―一四二頁。

10　吉見義明『従軍慰安婦』岩波新書、一九九五年、同「『従軍慰安婦』政策における日本国家の指揮命令系統」（VAWW-NET Japan編『日本軍性奴隷制を裁く――二〇〇〇年女性国際戦犯法廷の記録vol.3「慰安婦」・戦時性暴力の実態I――日本・朝鮮・台湾編』緑風出版、二〇〇〇年）。

11　永井和「陸軍慰安所の創設と慰安婦募集に関する一考察」（『二十世紀研究』創刊号、二〇〇〇年）。軍慰安所を「兵站附属施設」とする際の法的根拠は、永井によれば一九三七年九月二九日の陸達第四八号「野戦酒保規程改正」であった（『日中戦争から世界戦争へ』思文閣出版、二〇〇七年）。

12　関東軍参謀・原善四郎の直属の書記官であった村上貞夫（関東軍司令部曹長）が千田夏光に送った私信には、一九四一年七月の関東軍特殊演習の際に原参謀が「慰安婦」動員を企画し、村上自身が「命令伝達通達配置指示及び業者との接触等の事務処理」を担当したこと、日本人「慰安婦」徴集の予定だったが不足したため朝鮮人の徴集に踏み切ったこと、実際の朝鮮人「慰安婦」動員数が「三〇〇〇人位」だったこと、「慰安婦」の配置表は敗戦時に処分したことが記されている（「資料一　関東軍による『慰安婦』動員に関する手紙」及び金富子「解説」、金富子・宋連玉責任編集、前掲VAWW-NET Japan編『二〇〇〇年女性国際戦犯法廷の記録vol.3』三三四―三三七頁参照）。また、村上はNHKの取材に対し「本当はねえ、日本人を連れてくればよかったんですよ。でも当時は支那事変の最盛期ですからね、中国本土にも大群が行ってますからね、日本人だけじゃ間に合わなかったんでしょう。」「その女性を連れてくる業者ってひとが、男の人ですけどね、二十人とか三十人とか連れてくる。来るとね私のところに挨拶に来たんですよ。私のところに来なければ行き先はわからんですから。」と語っている（「ETV特集　アジアの従軍慰安婦　五十一年目の声」一九九六年一二月二八日放映、NHK教育）。

13　吉見義明『日本軍「慰安婦」制度とは何か』岩波ブックレット、二〇一〇年、一八頁。

14　＊朴裕河「日本軍慰安婦問題と一九六五年体制――鄭栄桓の『帝国の慰安婦』批判に答える」『歴史批評』第一一二号、二〇一五年秋、四七四頁。

15　同前。

16　前掲永井「『慰安婦』問題　破綻した『日本軍無実論』」参照。

17　なお、朴裕河が引いた「ある元軍医」の話とは、湯浅謙の回想のことである。湯浅は「『慰安婦』を初めて見たのは私が居留民の女性の衛生救急教育をしたときです。そのとき私は「朝鮮人でも包帯を巧く巻けるのか」とか「お前は日本人と天皇陛下を同じくして嬉しいんだろう」ぐらいに見くびってい」たという。「当時の軍人の目から見ると「慰安婦」は公娼のように見えたのです。料金を払いますし愛想もよかったから」だという。だが「彼女たちには本当のこと、つまり「私は強制され連れて来られた」とか、「帰ろうとしても脅迫され帰れなかった」などとは絶対に言えなかったのです。相手は軍人、ましてや将校、「日本軍を談議する」とか、「戦争に協力しない」として憲兵隊に通報される。またここにこして兵隊を迎えなければぶん殴られるが関の山。ここに落ちたら泣いても反抗しても同じ、することはしなくてはならない。だから性奴隷です。これが植民地支配の実情です。」と語っている（湯浅謙「私が知る「従軍慰安婦」」〔http://www.ne.jp/asahi/tyuukiren/web-site/backnumber/05/yuasa_ianhu.htm〕（二〇一六年二月一九日確認））。朴裕河はこれらの回想については、本書で触れていない。

18　秦郁彦『慰安婦と戦場の性』新潮選書、一九九九年、三八七頁。

19　前掲吉見『日本軍「慰安婦」制度とは何か』五九頁。

20　金富子「朝鮮植民地支配と『慰安婦』戦時動員の構図」、前掲『継続する植民地主義とジェンダー』一〇〇―一〇二頁、「朝鮮人女性は、「慰安婦急募」を読んで応募したの？」日本軍「慰安婦」ｗｅｂサイト制作委員会編『「慰安婦」・強制・性奴隷』御茶の水書房、二〇一四年。

21　阿部浩己「国際法における性奴隷制と『慰安婦』制度」『季刊戦争責任研究』第八四号、二〇一五年六月、三九頁。なお、性奴隷制については日本軍「慰安婦」問題ｗｅｂサイト制作委員会編『性奴隷とは何か　シンポジウム全記録』（Fight for Justice ブックレット2）、御茶の水書房、二〇一四年も参照されたい。

22　同前、三九頁。

23　同前、四〇頁。

24　なお、秦郁彦は「外出や廃業の自由」があった根拠として、『帝国の慰安婦』のこの記述を援用し、「「軍人と一緒に車にのって行くのです。」と書いてありますが、ということは非常に自由だったというふうにもとれますわね」と主張している。しかし、吉見の指摘するようにこれは「軍人と一緒でなければ外出できなかったということ」を意味し、「秦氏も朴氏も高級将校の許可を受けなくては、また軍人看視の下でなければ外出できないことが、人間の権利としての自由が剥奪されていることを理解できていない」のである（吉見義明「原告最終準備書面」、吉見裁判弁護団、小野沢あかね『日本軍「慰安婦」制度はなぜ性奴隷制度と言えるのか　PartIII』YOSHIMI 裁判いっしょにアクション!、二〇一五年、七〇―七一頁）。

25　「判決文」VAWW-NET Japan編『日本軍性奴隷制を裁く――二〇〇〇年女性国際戦犯法廷の記録　第六巻　女性国際戦犯法廷の全記録Ⅱ』緑風出版、二〇〇二年、二七二―二九四頁。

26　前掲朴裕河「『帝国の慰安婦』起訴に対する立場」。

27　同前。

28　金富子「朝鮮人「慰安婦」に少女は少なかった?」、前掲『Fight for Justice ブックレット3　Q&A朝鮮人「慰安婦」と植民地支配責任』、四七―四八頁。同「根拠なき新説?朴裕河氏をもてはやしていいのか」『週刊金曜日』第一〇六七号、二〇一五年一二月一一日号。

29　Fight for Justice のＨＰ「被害者の証言からみた慰安所連行状況」(http://fightforjustice.info/wp-content/uploads/2013/07/%E9%80%A3%E8%A1%8C%E4%B8%80%E8%A6%A7.pdf)（二〇一六年一月二六日確認）を参照。

30　＊鄭鎮星「日本軍慰安所制度の確立」韓国挺身隊問題対策協議会二〇〇〇年日本軍性奴隷戦犯女性国際法廷真相究明委員会編『日本軍「慰安婦」問題の責任を問う　歴史・社会的研究』プルピッ、二〇〇一年、二三頁。尹明淑『日本の軍隊慰安所制度と朝鮮人軍隊慰安婦』明石書店、二〇〇三年、第二部第四章もあわせて参照されたい。

31　同前、二三頁。

32　上野千鶴子「『従軍慰安婦』問題をめぐって」、『現代思想』一九九六年一〇月号、青土社、引用は『ナショナリズムとジェンダー［新版］』岩波現代文庫、二〇一二年より。なお、『帝国の慰安婦』への上野論文の影響については、金富子の報告「『植民地の慰安婦』こそが実態　朝鮮植民地支配からみた朝鮮人『慰安婦』問題」（二〇一五年文化センター・アリラン連続講座）での指摘による。

33　同前、一二三頁。

34　同前、一二三頁。

35　内務省警保局長発通牒「支那渡航婦女の取扱に関する件」（一九三八年二月二三日）、前掲吉見編『従軍慰安婦資料集』一〇三頁。同史料の詳しい解釈については前掲吉見『従軍慰安婦』一六〇―一六六頁を参照されたい。

36　上野千鶴子の日本軍「慰安婦」論への批判としては、前掲金富子「『慰安婦』問題と脱植民地主義」の他、吉見義明「『従軍慰安婦』問題と歴史像――上野千鶴子氏に答える」、日本の戦争責任資料センター編『シンポジウム　ナショナリズムと「慰安婦」問題』青木書店、二〇〇九年、高橋哲哉『思考のフロンティア　歴史／修正主義』岩波書店、二〇〇一年、徐京植「『日本人としての責任』をめぐって――半難民の位置から」『半難民の位置から　戦後責任論争と在日朝鮮人』影書房、二〇〇二年を参照されたい。

37　前掲上野「『従軍慰安婦』問題をめぐって」、一二四頁。

38　大沼保昭『「慰安婦」問題とは何だったのか　メディア・NGO・政府の功罪』中公新書、二〇〇七年、一四三―一四四頁。

39　同前、一四四頁。

40　前掲上野「『従軍慰安婦』問題をめぐって」一二五頁。

41　前掲吉見『日本軍「慰安婦」制度とは何か』一一―一二頁。

42　朝鮮における挺身隊の動員については、山田昭次「戦時期の皇民化教育と朝鮮女子勤労挺身隊」、樋口雄一・古庄正・山田昭次『朝鮮人戦時労働動員』岩波書店、二〇〇五年を参照。

43　藤永壮「戦時期朝鮮における『慰安婦』動員の『流言』『造言』をめぐって」松田利彦ほか編『地域社会から見る帝国日本と植民地――朝鮮・台湾・満州』思文閣出版、二〇一三年、前掲金富子「混迷する『慰安婦』問題を考える　朝鮮人「慰安婦」と植民地支配」参照。

44　なお、朝鮮語版ではこの箇所の出典は日本版wikipediaであった（韓、四三頁）。日本語版では本文の変更はないが出典のみ鄭恵瓊論文に差し替えられている。このため鄭論文と朴の叙述には著しい齟齬がある。鄭は「朝鮮女子勤労挺身隊とは、日帝によりアジア太平洋戦争末期の労働力不足を充当するため、植民地朝鮮から多数の未成年女性らを動員し労働力を収奪した人的動員を意味する。主として朝鮮半島と日本本土へと動員された」という前提のもと、戦時期末期における朝鮮人女性労働力の搾取・動員とその被害状況を概観し、支援条例案について論じた。朝鮮では一九四四年の女子勤労挺身隊による動員が開始する以前より工場に幼い少女らも動員されており、紡績工場の平均年齢は一二・四歳で、一〇歳以下の者も一八・九％いたと指摘する。そして、挺身隊による動員はこうした少女たちへの労働力搾取を合法化したものだったと位置づけた。だが朴の文は日本人を対象とした勤労動員の拡大を時系列的に叙述したにすぎない。体裁を整えるために他の出典表示に置き換えたため、不適切な引用となってしまったものと思われる。なお、巻末の文献一覧には、鄭恵瓊「勤労挺身隊支援条例　制定の意味と今後の課題」（光州広域市議会主催『第三十六回政策討論会資料集』、二〇一二・一二）とあるが論文の正確な題は鄭恵瓊「女子勤労挺身隊被害者支援の意味と今後の展望」である。

45　李栄薫「国史教科書に描かれた日帝の収奪の様相とその神話性」、小森陽一他編『東アジア歴史認識のメタヒストリー「韓日、連帯二一」の試み』青弓社、二〇〇八年、九七頁。

46　前掲秦『慰安婦と戦場の性』三六七頁。

47　朝鮮総督府鉱工局労務課監修『国民徴用の解説　質問にこたへて一問一答式に』国民総力朝鮮連盟、一九四四年、六六頁（『戦前・戦中期アジア研究資料一　植民地社会事業関係資料集［朝鮮篇］三八　社会事業政策　軍事援護事業二』近現代資料刊行会、二〇〇〇年所収）。なお、秦は該当箇所を林えいだい編『戦時外国人強制連行関係史料集』（明石書店、一九九一年）から引いたとしているが、同書に『国民徴用の解説』は収録されていない。林えいだいの解説から孫引きしたものと思われる。

48　前掲金富子「混迷する『慰安婦』問題を考える　朝鮮人「慰安婦」と植民地支配」前掲日本軍「慰安婦」問題ｗｅｂサイト制作委員会編、金富子・板垣竜太責任編集『Ｑ＆Ａ朝鮮人「慰安婦」と植民地支配責任』を参照。

49　ただし、秦の解釈にはなお検討すべきいくつかの問題がある。『解説』はあくまで一九四四年一〇月現在の方針を述べているにすぎず（「今の所持ってをりません」）、勤労令適用の実態を示した史料ではない。『解説』には「戦局の推移に依っては、女子動員をもっともっと強化しなければならぬ時が来ると思ひます」とあり、『解説』のみをもって植民地期に勤労令が一切適用されなかった論拠とするには不十分である。一九四四年一〇月現在の時点でも少数ながら勤労令適用対象となる朝鮮人女性がいることを総督府自らが指摘している。「今の所持ってをりません」を「朝鮮半島では適用しなかった」論拠とするには一層の検証が必要であろう。

50　前掲秦『慰安婦と戦場の性』三六七頁。

51　秦説は朝鮮人強制連行の範囲をあまりに狭く捉えている。金英達の指摘通り朝鮮人強制連行は「徴用」のみならず、募集、官斡旋、徴用の三つの段階をすべて包括する概念と考えるべきであろう（金英達『金英達著作集二　朝鮮人強制連行の研究』明石書店、二〇〇三年）。朝鮮人への戦時労働動員はこれらの三段階を含む強制連行と、強制労働・民族差別賃金を本質的特徴とする（前掲樋口ほか『朝鮮人戦時労働動員』参照）。また、日本政府が早くから朝鮮人を「徴用」形式で動員しなかったのは権力的な徴集を避けるためではなく、「徴用」形式では被徴用者に援護施策を行う責任が（少くとも形式的には）生じるからである（外村大『朝鮮人強制連行』岩波新書、二〇一二年）。募集・官斡旋ならば国家の被徴用者への責任を生じさせないまま、実質的に徴集することが可能であるため、こうした多種多様な動員の形式が重宝されたのである。強制連行を「徴用」のみに限定してしまうと、こうした日本の動員政策の本質が見えてこない。逆に、戦時期末期に徴用形式で集めざるをえず、拉致にあたる暴力的な徴集すら横行したのは、こうした日本政府の都合すら度外視せざるをえないほど戦時動員政策が行きづまったことを示している。

52　千田夏光『従軍慰安婦　〝声なき女〟八万人の告発』双葉社、一九七三年、一〇八―一一〇頁。

53　伊藤孝司編著『証言　従軍慰安婦・女子勤労挺身隊　強制連行された朝鮮人女性たち』（風媒社、一九九二年）

54　同前、二八頁。山田昭次は「日本の工場へ行けば、女学校に行ける。給料も良い」との甘言を信じたのは「皇民化教育によって洗脳されて、日本は良い国という観念やいわゆる愛国心を抱いていたから」と説明するが（前掲山田「戦時期の皇民化教育と朝鮮女子勤労挺身隊」一四七頁）、朴裕河の解釈と同様、「愛国心」と断定すべきかどうかは再検討の余地があろう。

●第3章　歪められた被害者たちの「声」

1　高橋源一郎「論壇時評　記憶の主人になるために」『朝日新聞』二〇一四年一一月二七日付・朝刊。

2　前掲能川「千田夏光『従軍慰安婦』は『帝国の慰安婦』においてどのように援用されたか」。

3　同前、三—四頁。

4　小野田寛郎「私が見た従軍慰安婦の正体」『WiLL』二〇〇七年八月号増刊、一五一頁。

5　漢口・積慶里に連れていかれた被害者の証言としては河床淑さんの記録がある（河床淑「かしこい人はみんな死んで、ぼんやり者ばかりが生き残った」『証言　未来への記憶　アジア「慰安婦」証言集Ⅱ　南・北・在日コリア編下』明石書店、二〇一〇年）。漢口の慰安所については金富子「河床淑さんのケースにみる漢口慰安所」前掲VAWW-NET Japan編『二〇〇〇年女性国際戦犯法廷の記録vol.3』を参照。

6　古山高麗雄の年譜については玉居子精宏『戦争小説家　古山高麗雄伝』平凡社、二〇一五年を参考にした。

7　古山高麗雄「プレオー8の夜明け」『二十三の戦争短編小説』文春文庫、二〇〇四年、五五頁。

8　古山高麗雄「白い田圃」前掲『二十三の戦争短編小説』九八—九九頁。

9　古山高麗雄「セミの追憶」前掲『二十三の戦争短編小説』五〇五頁。

10　大越愛子「女性と戦後思想」『フェミニズムと国家暴力　トランスナショナルな地平を拓く』世界書院、二〇〇四年、二二六頁。大越は日本の「レイプパラダイム」の特徴を愛ではなく「慰安」を口実とするとも指摘する。その際の性交は男の「弱さの証明とな」り、強姦者に強姦意識が薄く容易に和姦にすりかえられ「挑発されたのだという被害者意識が出てくる」と指摘する。そして、和姦とみなされるがゆえに、被害者たちは怒りと告発の権利そのものを奪われてしまうという（大越愛子『闘争するフェミニズムへ』未来社、一九九六年、一九四—一九六頁）。きわめて重要な指摘といえよう。

11　前掲古山「セミの追憶」五三〇頁。

12　高橋源一郎「論壇時評　戦争と慰安婦　想像する　遠く及ばなくとも」『朝日新聞』二〇一四年八月二八日付・朝刊。

13　上坂冬子『歴史はねじまげられない』講談社、一九九七年、五二—五四頁。

14　黒田勝弘『ソウル烈々』徳間書店、一九九三年、一七五―一七六頁。
15　前掲＊朴裕河「『帝国の慰安婦』起訴に対する立場」。
16　＊金ウンレ「故郷を失い、さまよった人生五〇年」韓国挺身隊研究所・韓国挺身隊問題対策協議会編『証言集　強制的に連れていかれた朝鮮人軍慰安婦たち3』図書出版ハヌル、一九九九年、一三四頁。
17　梁澄子「被害者の声に耳を傾けているか？　朴裕河『帝国の慰安婦』批判」前掲『Fight for Justiceブックレット3　Q＆A朝鮮人「慰安婦」と植民地支配責任』五九頁。
18　前掲＊朴裕河「日本軍慰安婦問題と一九六五年体制」四六九頁。
19　以下の証言は、＊黄順件「一三才の幼い年に」前掲『証言集　強制的に連れていかれた朝鮮人軍慰安婦たち3』。
20　同前、二二五頁。
21　同前、二三六頁。
22　「報道資料　ナンシー・ペロシ米下院議長に送るハルモニたちの公開書簡」（二〇〇六年一二月一三日）、挺対協ＨＰより。https://www.womenandwar.net/contents/board/normal/normalView.nx?page_str_menu=0301&action_flag&search_field=content&search_word=%ED%99%A9%EC%88%39C%EC%9D%B4&page_no=1&bbs_seq=3065&passwd&board_type&board_title&grade&title&secret&user_nm&attach_nm&reg_dt&thumbnail&content［二〇一六年一月二七日確認］。

●第4章　日韓会談と根拠なき「補償・賠償」論

1　金昌禄「日本軍『慰安婦』問題、今何をすべきか」『季刊戦争責任研究』第七九号、二〇一三年三月。
2　朴裕河『和解のために　教科書・慰安婦・靖国・独島』平凡社、二〇〇六年、二二六頁。
3　藍谷邦雄「時評『慰安婦』裁判の経過と結果およびその後の動向」『歴史学研究』第八四九号、二〇〇九年一月。
4　同前、三六頁
5　同前、三六頁。なお、藍谷論文は近年の最高裁判決の法理は「新たな被害回復立法は、サンフランシスコ条約の枠組みを崩壊させるがゆえに不可能といわれ、それがアジア女性基金（「女性のためのアジア平和国民基金」）に繋がった悪しき法解釈」の「弊害をただし、『慰安婦』問題解決のための立法を行うことを当然視することに繋がりうる」と評価する（三八頁）。

6 前掲＊朴裕河「日本軍慰安婦問題と一九六五年体制」四七五頁。

7 吉澤文寿「日韓請求権協定と『慰安婦』問題」前掲『「慰安婦」バッシングを越えて』参照。

8 ＊金昌禄「一九六五年韓日条約と韓国人個人の権利」国民大学校日本学研究所編『外交文書公開と韓日会談の再証明2 議題でみる韓日会談』ソニン、二〇一〇年。

9 同前、二二九頁。

10 同前、二三〇頁。

11 同前、二五八頁。

12 同前、二四九頁。

13 同前、二五〇頁。

14 同前、二五〇頁。

15 太田修「時評日韓会談文書公開と「過去の克服」」『歴史学研究』第九〇八号、二〇一三年八月。請求権問題をめぐる日本側の立場については、吉澤文寿「日韓会談における請求権交渉の再検討――日本政府における議論を中心として」『歴史学研究』第九二〇号、二〇一四年七月）も参照されたい。

16 前掲＊金昌禄「一九六五年韓日条約と韓国人個人の権利」二五一頁。

17 前掲＊朴裕河「日本軍慰安婦問題と一九六五年体制」四七五頁。

18 日韓協定批准の国会において張基築経済企画院長官は次の通り答弁した（一九六五年八月五日）。「政府はいわゆる請求権の場合に、その根拠と証拠物を提示して検討するよりかは、一括的に受け取る方が有利であると考えました。そのためこの請求権第二項にあるいわゆる無償三億ドルは請求権ではなく、さらに一歩進んで実質的には賠償的な性格を持つものと考えます。／そうした意味ではこれは経済協力ではなく請求権が主となっており、請求権ではなく、この三億ドルは賠償である。実質的には賠償である、こうした見解を持っております」（『第五十二回国会韓日開条約と諸協定批准同意案審査特別委員会会議録』第五号、一八〜一九頁）。

19 太田修『日韓交渉』クレイン、二〇〇三年、七七頁。

20 ＊張博珍『植民地関係清算はなぜなされなかったのか　韓日会談という逆説』ノンヒョン、二〇〇九年。

21 同前、二四七頁。

22 同前、五二三頁。

23 同前、五二四頁。

24 前掲＊朴裕河「日本軍慰安婦問題と一九六五年体制」四七六頁。

25 同前、四七六頁。

26 太田修「二つの講和条約と初期日韓交渉における植民地主義」『歴史としての日韓国交正常化Ⅱ脱植民地化編』法政大学出版局、二〇一一年を参照。

27 前掲＊朴裕河「日本軍慰安婦問題と一九六五年体制」四七六頁。

●第5章　河野談話・国民基金と植民地支配責任

1 中沢けい「『帝国の慰安婦』が問いかけるもの　上　慰安婦被害は植民地差別と女性差別という二重の差別構造のもとで起きた」『WEB RONZA』二〇一六年一月一八日付。

2 前掲西野「被害者不在の『和解論』を批判する」一三八頁。

3 前掲吉見『従軍慰安婦』七―八頁。

4 なお厳密にはクマラスワミ特別報告書にこうした一つづきの表現はない。直接引用の形をとるのは不適切である。

5 ラディカ・クマラスワミ（国連人権委員会特別報告者）『女性に対する暴力　戦時における軍の性奴隷制度問題に関して、朝鮮民主主義人民共和国、大韓民国及び日本への訪問調査に基づく報告書』、E/CN.4/1996/53/Add.1,4January 1996、

（引用は（財）女性のためのアジア平和国民基金HP掲載の日本語版より。以下同じ）四一頁。

6 同前、四二頁。なお、引用文のいう「原則」とは、一九九三年に国連差別防止少数者保護小委員会特別報告者のテオ・ファン・ボーベンが提出した最終報告書が提案した原則を指す。同報告書の全文は『ファン・ボーベン国連最終報告書 人権と基本的自由の重大な侵害を受けた被害者の原状回復、賠償および更生を求める権利についての研究』（日本の戦争責任資料センター、一九九四年）を参照。

7 ラディカ・クマラスワミ（国連人権委員会特別報告者）『報告書 女性に対する暴力 その原因と結果』E/CN.4/1998/54/, 26 January 一九九八、九頁。

8 “Report of the Special Rapporteur on violence against women, its causes and consequences, Ms. Radhika Coomaraswamy, submitted in accordance with Commission on Human Rights resolution 2000/45”, E/CN. 4/2001/7323, January 2001, 及び “Report of the Special Rapporteur on violence against women, its causes and consequences, Ms. Radhika Coomaraswamy, submitted in accordance with Commission on Human Rights resolution 2002/52 Addendum 1, International, regional and national developments in the area of violence against women 1994-2003*”, E/CN.4/2003/75/Add.127, February 2003を参照〔http://www.awf.or.jp/e4/un-01.html〕（二〇一六年一月三一日確認）。なお、これらの文書については在日本朝鮮人人権協会の金優綺氏にご教示いただいた。記して感謝したい。

9 鈴木裕子「解説」、前掲『資料集 日本軍「慰安婦」問題と「国民基金」』二二頁。

10 宋連玉・金栄編『軍隊と性暴力 朝鮮半島の二〇世紀』現代史料出版、二〇一〇年、特に宋連玉「世紀転換期の軍事占領と『売春』管理」を参照。

11 清水正義『「人道に対する罪」の誕生 ニュルンベルク裁判の成立をめぐって』清水書院、二〇一一年、四—六頁。なおニュルンベルク裁判で適用された「人道に対する罪」の定義は次の通りである。「人道に対する罪。すなわち、犯行地の国内法に違反すると否とを問わず、本裁判所の管轄に属する罪の遂行として、あるいはそれに関連して、戦前もしくは戦時中に行われた、すべての民間人に対する殺人、絶滅、奴隷化、強制連行及びその他の非人道的行為、または政治的、人種的、ないし宗教的理由に基づく迫害行為。」（国際軍事裁判所憲章第六条）

12 清水正義「戦争責任論から『植民地責任』論へ」、永原陽子編『「植民地責任」論 脱植民地化の比較史』青木書店、二〇〇九年、五六—五七頁。

13 ダーバン会議については、ダーバン二〇〇一編『部落解放二〇〇二年五月号増刊 反人種主義・差別撤廃世界会議と日本』解放出版社、二〇〇二年及びロザ＝アメリア・ブリュメル「白人どもの野蛮：人道に対する罪と補償の義務」（菊池恵介訳）『前夜』第六号、二〇〇六年参照。なお、植民地主義の罪を問う声は近年突如としてあらわれたものではない。すでに一九五〇年の時点でフランス領マルティニック諸島出身の作家であり、フランスの国会議員でもあったエメ・セゼールは『植民地主義論』でヨーロッパ諸国は「人道に対する罪」でナチスを裁いたが、自らが数百年間続けている植民地支配について同じ罪によって裁かれなければならないとヨーロッパの植民地主義を痛烈に批判した（エメ・セゼール『帰郷ノート 植民地主義論』砂野幸稔訳、平凡社ライブラリー、二〇〇四年）。日本の植民地主義についても、在日朝鮮人団体は東京裁判が朝鮮への侵略を裁いていないことを同時代に批判している（拙稿「【史料と解説】東京裁判をめぐる在日朝鮮人発行雑誌新聞・機関紙の論調」『日韓相互認識』第一号、日韓相互認識研究会、二〇〇八年参照）。

14 「判決文」、前掲『日本軍性奴隷制を裁く——二〇〇〇年女性国際戦犯法廷の記録 第六巻』二五四頁。

15 黒田勝弘『韓国人の歴史観』文春新書、一九九八年、五一頁。

16 前掲鈴木「解説」二四—二五頁。

17 今日の天皇をめぐる左派・リベラルの論調の問題点については、伊藤晃『「国民の天皇」論の系譜 象徴天皇制への道』社会評論社、二〇一五年の批判的分析を参照されたい。

18 坂本義和「歴史的責任への意識が問われている 自省にもとづく紛争解決」『世界』八三六号、二〇一二年一一月、三九頁

19 尹貞玉（鈴木裕子訳）『平和を希求して 「慰安婦」被害者の尊厳回復へのあゆみ』現代書館、二〇〇三年、二〇二頁。

20 前掲朴裕河「『帝国の慰安婦』起訴に対する立場」。

21 松浦玲『続日本人にとって天皇とは何であったか 「大日本帝国」と「日本国」』辺境社、一九七九年、二六頁以下を参照。

22　「恩給拒絶　信念は死せず」『朝日新聞』二〇一〇年一二月一〇日付・朝刊（大阪本社）。

23　鎌倉英也「ドキュメンタリー・カメラの背後（三）死者の声は聞こえるか　李鶴来　朝鮮人元ＢＣ級戦犯の『戦後（後）』」、『前夜』第四号、二〇〇五年。

24　吉田裕『日本人の戦争観　戦後史のなかの変容』岩波現代文庫、二〇〇五年、八―九頁。

25　同前。なおこの時期の小沢一郎の政治路線におけるアジア認識の問題については、浅井基文『新保守主義　小沢新党は日本をどこへ導くのか』柏書房、一九九三年、渡辺治『政治改革と憲法改正　中曽根康弘から小沢一郎へ』青木書店、一九九四年もあわせて参照されたい。

26　阿部浩己「日韓請求権協定・仲裁への道」『季刊戦争責任研究』第八〇号、二〇一一年夏季号、三三頁。

27　『朝日新聞』二〇一五年七月一七日付ｗｅｂ版。

28　日本敗戦直後の民衆の戦争責任意識については粟屋憲太郎『東京裁判への道』講談社学術文庫、二〇一三年、四八四―四八五頁、「戦後史」のなかの戦争責任意識については前掲吉田『日本人の戦争観』二六〇頁を参照。いずれも前述の声明「戦後七〇年総理談話について」に賛同しており、自身の研究結果と声明の認識の著しい齟齬を指摘せざるをえない。なお、吉田裕『日本人の戦争観』（岩波現代文庫、二〇〇五年）の「文庫版のためのあとがき」は、一九九五年版について「日本対アジアというごく一般的な枠組みの中でしか、戦争観をめぐるせめぎあいを分析できなかった」ことを反省し、日中韓で「相互のナショナリズムの衝突がみられることを考えるならば、東アジアという場を設定し、その中で、日本・中国・韓国の戦争観や「戦争の記憶」の相互連関を分析するような手法が必要となるだろう。最近出版された谷口誠『東アジア共同体』（岩波新書、二〇〇四年）は、ＥＵ（欧州連合）やＮＡＦＴＡ（北米自由貿易協定）とならぶ地域統合として、東アジア共同体の構築を提唱しているが、そうした構想を現実化してゆくためにも、東アジアという場の中で問題を考えるべきだと思う」（二八五―二八六頁）と記す。吉田の認識の変化は、「日本問題」としての歴史認識問題が、一九九〇年代後半から二〇〇〇年にかけて「東アジア問題」あるいは「ナショナリズム問題」へと変化していくプロセスと軌を一にするものと考えられる。この問題については、『新しい東アジアの近現代史（上・下）』（日本評論社、二〇一二年）への批判的分析を通して論じたことがあるので（拙稿「「国境を越える歴史認識」とは何か『新しい東アジアの近現代史』を読む」、『歴史学研究』第九一〇号、二〇一三年一〇月)、参照されたい。

29 松浦玲『日本人にとって天皇とは何であったか』辺境社、一九七四年、一六一頁。

●第6章　終わりに＝忘却のための「和解」に抗して

1 吉見義明「真の解決に逆行する日韓「合意」――なぜ被害者と事実に向き合わないのか」『世界』第八七九号、二〇一六年三月、一二六頁。

2 和田春樹「アジア女性基金問題と知識人の責任」、前掲『東アジア歴史認識論争のメタヒストリー』一三三頁。

3 櫻井よし子「『事実』という武器をとれ!」『WiLL』二〇一六年三月号、三八頁。

4 なお、在宅起訴についての筆者の立場については『ハンギョレ』二〇一五年一二月二日付〔http://www.hani.co.kr/arti/PRINT/720103.html〕(二〇一六年一月二二日確認)及び同日本語版〔http://japan.hani.co.kr/arti/international/22669.html〕を参照されたい。

5 『朝日新聞』二〇〇二年九月二五日付・朝刊。

6 徐京植『半難民の位置から　戦後責任論争と在日朝鮮人』影書房、二〇〇二年、三六一頁。

参考文献

●日本語文献

藍谷邦雄「時評『慰安婦』裁判の経過と結果およびその後の動向」『歴史学研究』第八四九号、二〇〇九年一月。

浅井基文『新保守主義　小沢新党は日本をどこへ導くのか』柏書房、一九九三年。

阿部浩己「国際法における性奴隷制と『慰安婦』制度」『季刊戦争責任研究』第八四号、二〇一五年夏号。

阿部浩己「日韓請求権協定・仲裁への道」『季刊戦争責任研究』第八〇号、二〇一一年夏号。

粟屋憲太郎『東京裁判への道』講談社学術文庫、二〇一三年。

伊藤孝司編著『証言　従軍慰安婦・女子勤労挺身隊　強制連行された朝鮮人女性たち』風媒社、一九九二年。

伊藤晃『「国民の天皇」論の系譜　象徴天皇制への道』社会評論社、二〇一五年。

李栄薫「国史教科書に描かれた日帝の収奪の様相とその神話性」、小森陽一他編『東アジア歴史認識のメタヒストリー「韓日、連帯二一」の試み』青弓社、二〇〇八年。

岩崎稔・長志珠絵「『慰安婦』問題が照らし出す日本の戦後」成田龍一・吉田裕編『記憶と認識の中のアジア・太平洋戦争

──岩波講座アジア・太平洋戦争　戦後篇』岩波書店、二〇一五年。

上野千鶴子「解説　あえて火中の栗を拾う──朴裕河『和解のために』に寄せて」朴裕河（佐藤久訳）『和解のために　教科書・慰安婦・靖国・独島』平凡社ライブラリー、二〇一一年。

上野千鶴子『ナショナリズムとジェンダー［新版］』岩波現代文庫、二〇一二年。

大越愛子『闘争するフェミニズムへ』未来社、一九九六年。

大越愛子『フェミニズムと国家暴力　トランスナショナルな地平を拓く』世界書院、二〇〇四年。

太田修『日韓交渉』クレイン、二〇〇三年。

太田修「二つの講和条約と初期日韓交渉における植民地主義」『歴史としての日韓国交正常化Ⅱ脱植民地化編』法政大学出版局、二〇一一年。

太田修「時評　日韓会談文書公開と「過去の克服」」『歴史学研究』第九〇八号、二〇一三年八月。

大沼保昭『「慰安婦」問題とは何だったのか　メディア・ＮＧＯ・政府の功罪』中公新書、二〇〇七年。

大沼保昭「（私の視点ワイド）日韓和解　朴裕河氏が込めた思いとは」『朝日新聞』二〇〇八年一月三一日付・朝刊。

小野田寛郎「私が見た従軍慰安婦の正体」『WiLL』二〇〇七年八月号増刊。

鎌倉英也「ドキュメンタリー・カメラの背後（三）死者の声は聞こえるか　李鶴来　朝鮮人元ＢＣ級戦犯の『戦後』（後）」『前夜』第四号、二〇〇五年。

上坂冬子『歴史はねじまげられない』講談社、一九九七年。

北原恵「ハルモニ達とともに、日本大使館を見つめ続ける──ソウル「平和の碑」慰安婦像の制作者に聞く」『インパクション』一八五号、インパクト出版会、二〇一二年六月。

金光翔「〈佐藤優現象〉批判」『インパクション』第一六〇号、二〇〇七年一一月。

金昌禄「日本軍『慰安婦』問題、今何をすべきか」『季刊戦争責任研究』第七九号、二〇一三年三月。

金富子・中野敏男編『歴史と責任　「慰安婦」問題と一九九〇年代』青弓社、二〇〇八年。

金富子『継続する植民地主義とジェンダー　「国民」概念・女性の身体・記憶と責任』世織書房、二〇一一年。

金富子「混迷する『慰安婦』問題を考える　朝鮮人「慰安婦」と植民地支配」『静岡県近代史研究』四〇号、二〇一五年。

金富子「根拠なき新説？朴裕河氏をもてはやしていいのか」『週刊金曜日』第一〇六七号、二〇一五年一一月一一日号。

金富子「河床淑さんのケースにみる漢口慰安所」前掲 VAWW-NET Japan 編『二〇〇〇年女性国際戦犯法廷の記録 vol.3』

金英達『金英達著作集二　朝鮮人強制連行の研究』明石書店、二〇〇三年。

久保田るり子「一点視界・一天四海　朴裕河氏の『和解のために』再読――日韓国交正常化五〇周年と真摯に向き合うために」『外交』（外務省発行）第二三号、二〇一四年。

クマラスワミ、ラディカ（国連人権委員会特別報告者）『女性に対する暴力　戦時における軍の性奴隷制度問題に関して、朝鮮民主主義人民共和国、大韓民国及び日本への訪問調査に基づく報告書』(E/CN.4/1996/53/Add.1, 4 January 1996.)。

クマラスワミ、ラディカ（国連人権委員会特別報告者）『報告書　女性に対する暴力　その原因と結果』(E/CN.4/1998/54/, 26 January 1998)。

黒田勝弘『韓国人の歴史観』文春新書、一九九八年。

黒田勝弘『ソウル烈々』徳間書店、一九九三年。

高和政・鄭栄桓・中西新太郎「座談会いまなぜ、「和解」が求められるのか？」『前夜NEWS　LETTER』第四号、二〇〇八年五月。

坂本義和「歴史的責任への意識が問われている　自省にもとづく紛争解決」『世界』八三六号、二〇一二年一一月。

櫻井よし子「『事実』という武器をとれ！」『WiLL』二〇一六年三月号。

清水正義『「人道に対する罪」の誕生　ニュルンベルク裁判の成立をめぐって』清水書院、二〇一一年。

清水正義「戦争責任論から『植民地責任』論へ」永原陽子編『「植民地責任」論　脱植民地化の比較史』青木書店、二〇〇九年。

杉田敦「根源は家父長制・国民国家体制」『朝日新聞』二〇一四年一二月七日付・朝刊。

鈴木裕子編・解説『資料集日本軍「慰安婦」問題と「国民基金」』梨の木舎、二〇一一年。

セゼール、エメ『帰郷ノート 植民地主義論』砂野幸稔訳、平凡社ライブラリー、二〇〇四年。

千田夏光『従軍慰安婦　〝声なき女〟八万人の告発』双葉社、一九七三年。

徐京植『植民地主義の暴力』高文研、二〇一〇年。

徐京植『半難民の位置から　戦後責任論争と在日朝鮮人』影書房、二〇〇二年。

宋連玉『脱帝国のフェミニズムを求めて』有志舎、二〇〇九年。

宋連玉・金栄編『軍隊と性暴力　朝鮮半島の二〇世紀』現代史料出版、二〇一〇年。

ダーバン二〇〇一編『部落解放二〇〇二年五月号増刊　反人種主義・差別撤廃世界会議と日本』解放出版社、二〇〇二年。

高橋源一郎「論壇時評　記憶の主人になるために」『朝日新聞』二〇一四年一一月二七日付・朝刊。

高橋源一郎「論壇時評　戦争と慰安婦　想像する　遠く及ばなくとも」『朝日新聞』二〇一四年八月二八日付・朝刊。

高橋哲哉『思考のフロンティア　歴史／修正主義』岩波書店、二〇〇一年。

玉居子精宏『戦争小説家　古山高麗雄伝』平凡社、二〇一五年。

朝鮮総督府鉱工局労務課監修『国民徴用の解説　質問にこたへて一問一答式に』国民総力朝鮮連盟、一九四四年（『戦前・戦中期アジア研究資料一　植民地社会事業関係資料集［朝鮮篇］三八　社会事業政策　軍事援護事業二』近現代資料刊行会、二〇〇〇年）。

鄭栄桓「【史料と解説】東京裁判をめぐる在日朝鮮人発行雑誌新聞・機関紙の論調」『日韓相互認識』第一号、日韓相互認識研究会、二〇〇八年。

鄭栄桓「「国境を越える歴史認識」とは何か　『新しい東アジアの近現代史』を読む」『歴史学研究』九一〇号、二〇一三年一〇月。

鄭栄桓「歪められた植民地支配責任論――朴裕河『帝国の慰安婦』批判」『季刊戦争責任研究』第八四号、日本の戦争責任資料センター、二〇一五年六月。

外村大『朝鮮人強制連行』岩波新書、二〇一二年。

永井和「陸軍慰安所の創設と慰安婦募集に関する一考察」『二十世紀研究』創刊号、二〇〇〇年。

永井和『日中戦争から世界戦争へ』思文閣出版、二〇〇七年。

永井和「『慰安婦』問題　破綻した『日本軍無実論』」『世界』第八七三号、岩波書店、二〇一五年九月。

中沢けい「『帝国の慰安婦』が問いかけるもの　上　慰安婦被害は植民地差別と女性差別という二重の差別構造のもとで起きた」『WEB RONZA』二〇一六年一月一八日付。

西野瑠美子・金富子・小野沢あかね責任編集『「慰安婦」バッシングを越えて「河野談話」と日本の責任』大月書店、二〇一三年。

日本軍「慰安婦」問題webサイト制作委員会編、吉見義明・西野瑠美子・林博史・金富子責任編集『Q&A「慰安婦」・強制・性奴隷　あなたの疑問に答えます』（Fight for Justice ブックレット）御茶の水書房、二〇一四年。

日本軍「慰安婦」問題webサイト制作委員会編『性奴隷とは何か　シンポジウム全記録』（Fight for Justice ブックレット二）、御茶の水書房、二〇一四年。

日本軍「慰安婦」問題webサイト制作委員会編、金富子・板垣竜太責任編集『Q&A朝鮮人「慰安婦」と植民地支配責任　あなたの疑問に答えます』（Fight for Justice ブックレット3）御茶の水書房、二〇一五年。

日本軍「慰安婦」問題webサイト制作委員会編、岡本有佳・金富子責任編集『〈平和の少女像〉はなぜ座り続けるのか』世織書房、二〇一六年。

能川元一「千田夏光『従軍慰安婦』は『帝国の慰安婦』においてどのように援用されたか」『季刊戦争責任研究』第八五号、二〇一五年一二月。

VAWW-NET Japan編、内海愛子・高橋哲哉責任編集『日本軍性奴隷制を裁く――二〇〇〇年女性国際戦犯法廷の記録　第一巻　戦犯裁判と性暴力』緑風出版、二〇〇〇年。

VAWW-NET Japan編、池田恵理子・大越愛子責任編集『日本軍性奴隷制を裁く――二〇〇〇年女性国際戦犯法廷の記録　第二巻　加害の精神構造と戦後責任』緑風出版、二〇〇〇年。

VAWW-NET Japan編、金富子・宋連玉責任編集『日本軍性奴隷制を裁く――二〇〇〇年女性国際戦犯法廷の記録　第三巻「慰安婦」・戦時性暴力の実態二』緑風出版、二〇〇〇年。

VAWW-NET Japan編、金富子・宋連玉責任編集『日本軍性奴隷制を裁く――二〇〇〇年女性国際戦犯法廷の記録　第四巻

「慰安婦」・戦時性暴力の実態二』緑風出版、二〇〇二年。

VAWW-NET Japan編、松井やより他責任編集『日本軍性奴隷制を裁く――二〇〇〇年女性国際戦犯法廷の記録　第五巻　女性国際戦犯法廷の全記録Ⅰ』緑風出版、二〇〇二年。

VAWW-NET Japan編、松井やより他責任編集『日本軍性奴隷制を裁く――二〇〇〇年女性国際戦犯法廷の記録　第六巻　女性国際戦犯法廷の全記録Ⅱ』緑風出版、二〇〇二年。

朴裕河『和解のために教科書・慰安婦・靖国・独島』平凡社、二〇〇六年。

朴裕河「『あいだに立つ』とは、どういうことか　「慰安婦」問題をめぐる九〇年代の思想と運動を問いなおす」『インパクション』第一七一号、二〇〇九年。

朴裕河『帝国の慰安婦　植民地支配と記憶の闘い』朝日新聞出版、二〇一四年。

河床淑「かしこい人はみんな死んで、ぼんやり者ばかりが生き残った」『証言　未来への記憶　アジア「慰安婦」証言集Ⅱ　南・北・在日コリア編下』明石書店、二〇一〇年。

秦郁彦『慰安婦と戦場の性』新潮選書、一九九九年。

秦郁彦『現代史の虚実　沖縄大江裁判・靖国・慰安婦・南京・フェミニズム』文藝春秋、二〇〇八年。

秦郁彦「慰安婦　事実を見据えるために」『週刊文春』二〇一五年五月七・一四日ゴールデンウィーク特大号。

早尾貴紀「『和解』論批判――イラン・パペ『橋渡しのナラティヴ』から学ぶ」『季刊戦争責任研究』第六一号、二〇〇八年秋号。

林博史『日本軍「慰安婦」問題の核心』花伝社、二〇一五年。

山田昭次「戦時期の皇民化教育と朝鮮女子勤労挺身隊」、樋口雄一・古庄正・山田昭次『朝鮮人戦時労働動員』岩波書店、二〇〇五年参照。

藤永壮「戦時期朝鮮における『慰安婦』動員の『流言』『造言』をめぐって」松田利彦ほか編『地域社会から見る帝国日本と植民地――朝鮮・台湾・満州』思文閣出版、二〇一三年。

ブリュメル、ロザ＝アメリア「白人どもの野蛮　人道に対する罪と補償の義務」（菊池恵介訳）『前夜』第六号、二〇〇六年。

古山高麗雄『二十三の戦争短編小説』文春文庫、二〇〇四年。

前田朗「植民地解放闘争を矮小化する戦略――朴裕河『帝国の慰安婦――植民地支配と記憶の闘い』（朝日新聞出版）」『社会評論』第一六九号、二〇一五年四月。

松浦玲『日本人にとって天皇とは何であったか』辺境社、一九七四年。

松浦玲『続日本人にとって天皇とは何であったか「大日本帝国」と「日本国」』辺境社、一九七九年。

山田孝男「風知草　受賞のことば」『毎日新聞』二〇一五年一一月一六日付・朝刊。

尹健次『思想体験の交錯――日本・韓国・在日一九四五年以後』岩波書店、二〇〇八年。

尹貞玉（鈴木裕子訳）『平和を希求して「慰安婦」被害者の尊厳回復へのあゆみ』現代書館、二〇〇三年。

尹明淑『日本の軍隊慰安所制度と朝鮮人軍隊慰安婦』明石書店、二〇〇三年。

吉澤文寿「日韓会談における請求権交渉の再検討――日本政府における議論を中心として」『歴史学研究』第九二〇号、二〇一四年七月。

吉田裕『日本人の戦争観　戦後史のなかの変容』岩波現代文庫、二〇〇五年、八―九頁。

吉見裁判弁護団、小野沢あかね『日本軍「慰安婦」制度はなぜ性奴隷制度と言えるのか　PartⅢ』YOSHIMI裁判いっしょにアクション！、二〇一五年。

吉見義明『従軍慰安婦』岩波新書、一九九五年。

吉見義明「『従軍慰安婦』政策における日本国家の指揮命令系統」VAWW‐NET Japan編『日本軍性奴隷制を裁く――二〇〇〇年女性国際戦犯法廷の記録vol.3「慰安婦」・戦時性暴力の実態Ⅰ――日本・朝鮮・台湾編』緑風出版、二〇〇〇年。

吉見義明「『従軍慰安婦』問題と歴史像――上野千鶴子氏に答える」日本の戦争責任資料センター編『シンポジウム　ナショナリズムと「慰安婦」問題』青木書店、二〇〇九年。

吉見義明『日本軍「慰安婦」制度とは何か』岩波ブックレット、二〇一〇年。

吉見義明「真の解決に逆行する日韓「合意」――なぜ被害者と事実に向き合わないのか」『世界』第八七九号、二〇一六年三月。

吉見義明編『従軍慰安婦資料集』大月書店、一九九二年。

若宮啓文「【寄稿】朴裕河教授の起訴に抗議した真意」『朝鮮日報』日本語版、二〇一五年一二月二一日付。

渡辺治『政治改革と憲法改正　中曽根康弘から小沢一郎へ』青木書店、一九九四年。

和田春樹「アジア女性基金問題と知識人の責任」小森陽一他編『東アジア歴史認識のメタヒストリー「韓日、連帯二一」の試み』青弓社、二〇〇八年。

『ファン・ボーベン国連最終報告書　人権と基本的自由の重大な侵害を受けた被害者の原状回復、賠償および更生を求める権利についての研究』（日本の戦争責任資料センター、一九九四年）。

「ETV特集　アジアの従軍慰安婦　五十一年目の声」一九九六年一二月二八日放映、NHK教育。

●朝鮮語文献

김은례「고향 잃고 이름 잃고 떠돌이 인생 五〇년」한국정신대연구소・한국정신대문제대책협의회엮음『증언집 강제로 끌려간 조선인 군위안부들3』도서출판 한울、一九九九년〔金ウンレ「故郷を失い、名前を失い、さまよう人生五十年」、韓国挺身隊研究所・韓国挺身隊問題対策協議会編『証言集　強制的に連れていかれた朝鮮人軍慰安婦たち3』図書出版ハヌル、一九九九年〕。

김창록「一九六五년 한일조약과 한국인 개인의 권리」국민대학교 일본학연구소편『외교문서공개와 한일회담의 재조명 2 의제로 본 한일회담』선인、二〇一〇년〔金昌禄「一九六五年韓日条約と韓国人個人の権利」、国民大学校日本学研究所編『外交文書公開と韓日会談の再照明2　議題からみる韓日会談』ソニン、二〇一〇年〕。

장박진『식민지 관계 청산은 왜 이루어질 수 없었는가 한일회담이란 역설』논형、二〇〇九년〔張博珍『植民地関係清算はなぜなされなかったか　韓日会談という逆説』ノンヒョン、二〇〇九年〕。

박유하「〝우경화〟원인 먼저 생각해봐야　서경식 교수의〝일본 리버럴〟비판、이의 있다」『교수신문』二〇一一년四월一八일〔朴裕河「『右傾化』の原因をまずは考えねば　徐京植教授の『日本リベラル』批判、異議あり」『教授新聞』二〇一

一年四月一八日」(http://www.kyosu.net/news/articleView.html?idxno=22769)。

박유하『제국의 위안부 식민지지배와 기억의 투쟁』뿌리와이빠리、二〇一三년〔朴裕河『帝国の慰安婦　植民地支配と記憶の闘争』プリワイパリ、二〇一三年〕。

박유하『제국의 위안부 식민지지배와 기억의 투쟁（三四곳 삭제판）』뿌리와이빠리、二〇一五년〔朴裕河『帝国の慰安婦　植民地支配と記憶の闘争（三四箇所削除版）』プリワイパリ、二〇一三年〕。

박유하「일본군 위안부 문제와 一九六五년체제——정영환의『제국의 위안부』비판에 답한다」『역사비평』제一一二호、二〇一五년가을〔朴裕河「日本軍慰安婦問題と一九六五年体制——鄭栄桓の『帝国の慰安婦』批判に答える」『歴史批評』第一一二号、二〇一五年秋〕。

박유하「〝제국의 위안부〟기소에 대한 입장——저는 위안부할머니를 폄훼하지 않았습니다」〔朴裕河「『帝国の慰安婦』起訴に対する立場——私は慰安婦のハルモニたちを貶めていません」〕『The Huffington Post Korea』二〇一五年一二月二日(http://www.huffingtonpost.kr/yuha-park/story_b_8695314.html)。

이재승（二〇一三）「감정의 혼란과 착종: 위안부에 대한 잘못된 키질」〔李在承「感情の混乱と錯綜　慰安婦に対する誤ったふるいわけ」〕『Aporia Reivew of Books』Vol.1, No.2,〔http://www.aporia.co.kr/bbs/board.php?bo_table=rpb_community&wr_id=39〕。

정영환「일본군〝위안부〟문제와 一九六五년 체제의 재심판——박유하의『제국의 위안부』비판」『역사비평』제一一一호、역사비평사、二〇一五年여름〔鄭栄桓「日本軍『慰安婦』問題と一九六五年体制の再審——朴裕河『帝国の慰安婦』批判」、『歴史批評』第一一一号、歴史批評社、二〇一五年夏〕。

정진성「일본군위안소 제도의 확립」한국정신대문제대책협의회 二〇〇〇년 일본군성노예전범 여성국제법정 진상규명위원회 엮음『일본군〝위안부〟문제의 책임을 묻는다 역사・사회적연구』풀빛、二〇〇一년〔鄭鎮星「日本軍慰安所制度の確立」韓国挺身隊問題対策協議会二〇〇〇年日本軍性奴隷戦犯女性国際法廷真相究明委員会編『日本軍「慰安婦」問題の責任を問う　歴史・社会的研究』プルピッ、二〇〇一年〕。

한국정신대문제대책협의회二〇년사편찬위원회편『한국정신대문제대책협의회二〇년사』한울아카데미〔韓国挺身隊問題対

策協議会二〇年史編纂委員会編『韓国挺身隊問題対策協議会二〇年史』ハヌルアカデミー」二〇一四。

황순이「열세 살 어린 나이로」〔黄順伊「十三歳の幼いとしで」〕、前掲『증언집 강제로 끌려간 조선인 군위안부들3』한국정신대연구소・한국정신대문제대책협의회엮음『증언집 강제로 끌려간 조선인 군위안부들3』도서출판 한울、一九九九년。

「보도자료 낸시 펠로시 미 하원의장에게 보내는 할머니들 공개서한」(二〇〇六年一二月一三日)〔「報道資料　ナンシー・ペロシ米下院議長に送るハルモニたちの公開書簡」〕(https://www.womenandwar.net/contents/board/normal/normalView.nx?page_str_menu=0301&action_flag&search_field=content&search_word=%ED%99%A9%EC%88%9C%EC%9D%B4&page_no=1&bbs_seq=3065&passwd&board_type&board_title&grade&title&secret&user_nm&attach_nm&reg_dt&thumbnail&content)。

●インターネットサイト

鄭栄桓「日朝国交「正常化」と植民地支配責任」(http://kscykscy.exblog.jp/)。

能川元一「歴史修正主義とレイシズムを考える」(http://nogawam.blogspot.jp/)。

湯浅謙「私が知る「従軍慰安婦」」(http://www.ne.jp/asahi/tyuukiren/web-site/backnumber/05/yuasa_ianhu.htm)。

「「慰安婦」問題をめぐる報道を再検証する会」(http://readingcw.blogspot.jp/2015/03/blog-post_20.html)。

「第一五回『石橋湛山記念 早稲田ジャーナリズム大賞』贈呈式 総長式辞・講評および受賞者あいさつ」(https://www.waseda.jp/top/news/35621)。

「朴裕河氏の起訴に対する抗議声明」(http://www.ptkks.net/)。

「東アジアの永遠平和のために」(http://east-asian-peace.hatenablog.com/)。

「Fight for Justice　忘却への抵抗・未来の責任」(http://fightforjustice.info/)。

韓国挺身隊問題対策協議会「戦争と女性人権博物館」(https://www.womenandwar.net/contents/home/home.nx)。

資料1　日韓外相共同記者発表（二〇一五年一二月二八日）

一二月二八日午後二時から三時二〇分頃まで、岸田文雄外務大臣は、尹炳世（ユン・ビョンセ）韓国外交部長官と日韓外相会談を行い、直後の共同記者発表において、慰安婦問題について以下のとおり発表した。

一

（一）岸田外務大臣による発表は、以下のとおり。

日韓間の慰安婦問題については、これまで、両国局長協議等において、集中的に協議を行ってきた。その結果に基づき、日本政府として、以下を申し述べる。

ア　慰安婦問題は、当時の軍の関与の下に、多数の女性の名誉と尊厳を深く傷つけた問題であり、かかる観点から、日本政府は責任を痛感している。

安倍内閣総理大臣は、日本国の内閣総理大臣として改めて、慰安婦として数多の苦痛を経験され、心身にわたり癒しがたい傷を負われた全ての方々に対し、心からおわびと反省の気持ちを表明する。

イ　日本政府は、これまでも本問題に真摯に取り組んできたところ、その経験に立って、今般、日本政府の予算により、全ての元慰安婦の方々の心の傷を癒やす措置を講じる。具体的には、韓国政府が、元慰安婦の方々の支援を目的とした財団を設立し、これに日本政府の予算で資金を一括で拠出し、日韓両政府が協力し、全ての元慰安婦の方々の名誉と尊厳の回復、心の傷の癒やしのための事業を行うこととする。

ウ　日本政府は上記を表明するとともに、上記（イ）の措置を着実に実施するとの前提で、今回の発表により、この問題が最終的かつ不可逆的に解決されることを確認する。
あわせて、日本政府は、韓国政府と共に、今後、国連等国際社会において、本問題について互いに非難・批判することは控える。

(二) 尹外交部長官による発表は，以下のとおり。
韓日間の日本軍慰安婦被害者問題については、これまで、両国局長協議等において、集中的に協議を行ってきた。その結果に基づき、韓国政府として、以下を申し述べる。
ア 韓国政府は、日本政府の表明と今回の発表に至るまでの取組を評価し、日本政府が上記一（二）（イ）で表明した措置が着実に実施されるとの前提で、今回の発表により、日本政府と共に、この問題が最終的かつ不可逆的に解決されることを確認する。韓国政府は、日本政府の実施する措置に協力する。
イ 韓国政府は、日本政府が在韓国日本大使館前の少女像に対し、公館の安寧・威厳の維持の観点から懸念していることを認知し、韓国政府としても、可能な対応方向について関連団体との協議を行う等を通じて、適切に解決されるよう努力する。
ウ 韓国政府は、今般日本政府の表明した措置が着実に実施されるとの前提で、日本政府と共に、今後、国連等国際社会において、本問題について互いに非難・批判することは控える。

二 なお、岸田大臣より、前述の予算措置の規模について、概ね一〇億円程度と表明した。

三 また、双方は、安保協力を始めとする日韓協力やその他の日韓間の懸案等についても短時間意見交換を行った。

（出典：外務省ＨＰ〔http://www.mofa.go.jp/mofaj/a_o/na/kr/page4_001667.html〕）

資料2　『帝国の慰安婦』朝鮮語版・日本語版目次対照表

＊「朝鮮語版」の太字は、第二版のみに収録されている。

●朝鮮語版	頁
第二版序文　植民地のアイロニー	i
序論再び「生産的な議論」のために	5
第1部「慰安婦」とは誰か：国の管理、業者の加担	
第1章「強制連行」と「国民動員」の間	17
1　罪と犯罪：「強制的に連れて行った」のは誰なのか	
2　「慰安婦」の前身「からゆきさん」：国家の勢力拡大と移動する女性たち	
誘拐犯と日本の少女たち	
朝鮮人の加担：人身売買と性売買	
公娼と私娼：様々な慰安所	
3　私たちの中の協力者たち	
4　「強制的に募集された」挺身隊	
5　「少女20万」の記憶	

●日本語版	頁
日本語版のための序文	9
「慰安婦問題」をめぐる経緯	15
第1部　慰安婦とは誰か：国家の身体管理、民間人の加担	
第1章　強制連行か、国民動員か	23
1　「強制的に連れて」いったのは誰か	
2　「からゆきさん」から「慰安婦」へ：国家勢力拡張と移動する女たち	
誘拐犯と日本の少女たち	
業者の加担：人身売買と性売買	
国家の身体管理：さまざまな「慰安所」	
3　もうひとつの加担者たち	
4　「挺身隊＝慰安婦」の認識はなぜ生じたか	
5　植民地の〈嘘〉	
6　「少女20万」の記憶	

第2章　慰安所にて：風化する記憶たち　55
1　日本軍と「朝鮮人慰安婦」
：地獄の中の平和、軍需品としての同志
慰安婦の役割
愛と平和
もう一つの日本軍：羞恥と憐憫
管理者としての日本軍
兵士と慰安婦
忘却された記憶
2　戦場の抱主たち
従軍する業者たち
強制労働と搾取
監視・暴行・中絶
帝国の慰安婦
第3章　敗戦直後：「朝鮮人慰安婦」の帰還　92
1　「日本人」から「朝鮮人」へ
2　極限状況の中で
第2部　記憶の闘争：再び、「朝鮮人慰安婦」とは誰なのか
第1章　支援団体の「慰安婦」の説明　107

第2章　「慰安所」にて：風化する記憶　69
1　日本軍と朝鮮人慰安婦
：地獄の中の平和、軍需品としての同志
「女房」としての慰安婦
誇りと蔑みと
代替日本人
愛と想い、国家の共謀
癒しと羞恥
「蟻」の共感：憐憫と涙
「管理」の二つの顔
消去と忘却
2　戦場の業者たち　101
「従軍」する業者たち
強制労働と搾取
軍隊社会としての慰安所：監視・暴行・中絶
帝国の慰安婦
第3章　敗戦直後：朝鮮人慰安婦の帰還　115
1　日本人から朝鮮人へ
2　死・残留・引揚げ
第2部　「植民地」と朝鮮人慰安婦
第1章　韓国の慰安婦理解　133

1 根本的な誤解
2 情報隠蔽と「公的記憶」づくり
3 抑圧としての「性奴隷」像
4 博物館の「慰安婦」
5 消去される記憶たち
第2章 一つだけの「朝鮮人慰安婦」の物語 123
第3章 共謀する欲望たち 127
第4章 日本人支援者の問題 135
1 フェミニズムの矛盾
2 「加害者」とは誰なのか

1 恐怖による混同
2 記憶の選択
3 ノイズの消去
第2章 記憶の闘い：韓国篇 147
1 再生産される記憶
2 大使館前の「慰安婦少女像」を読む
3 元慰安婦の自己表象
第3章 韓国支援団体の運動を考える 162
1 「挺対協」の力
2 当事者主義について
3 「圧迫」の矛盾
4 運動の要求を考え直す
第4章 韓国憲法裁判所の判決を読む 177
1 提訴者たちの主張
2 日韓協定の議論
3 日韓併合条約の拘束
4 帝国と冷戦時代の限界
5 韓国憲法裁判所の慰安婦問題理解

173 資　料

第5章　日本人の否定の心理と植民地認識　142
1　「朝鮮人慰安婦」とは誰なのか
：小説「蝗」の慰安婦
2　関与主体は誰なのか
3　彼らだけの「法」
4　「愛国」する慰安婦
「自発性」の構造
「積極性」の背景
「過去」を考える意味

第3部　冷戦終息と慰安婦問題

第1章　解釈の政治学：「謝罪と補償」をめぐる葛藤　167
1　「慰安婦問題」の発生と経過
2　「河野談話」と強制性
3　与野党が合意したアジア女性基金
4　「謝罪手段」としての基金
5　「慰労金」か、「贖罪金」か
6　慰安婦／支援団体の分裂と当事者主義の矛盾

第2章　政治化された日本の支援運動　192
1　「慰安婦問題」の道具化
2　政府に対する不信と運動の政治化
3　支援運動の変化と方向

第5章　〈世界の考え〉を考える　197
1　クマラスワミ報告書
2　マクドゥーガル氏による最終報告書
3　アメリカ下院の慰安婦問題決議
4　ＩＬＯ条約勧告適用専門家委員会の所見
5　運動のパラドックス：消えた〈植民地〉問題

第3部　記憶の闘い：冷戦崩壊と慰安婦問題

第1章　否定者を支える植民地認識　215
1　朝鮮人慰安婦と差別：小説「蝗」から
2　権力者としての軍
3　国家と男たちの「法」
4　〈愛国〉する慰安婦
自発性の構造
補助軍としての慰安婦

第2章　90年代日本の謝罪と補償を考える　235
1　河野談話を読みなおす
2　与野党の合作としての「アジア女性基金」
3　謝罪〈手段〉としての基金

第3章　韓国支援運動の矛盾　204
1　ソウル挺対協運動の功罪
「慰安婦」がいない「慰安婦少女像」
挺対協の力と民族権力
2　ソウル挺対協の要求を再び考える
罪か犯罪か
「公式謝罪」と「法的責任」
3　憲法裁判所の判決を読む
被害者の考えと韓日協定
韓日協定の議論
韓日合邦条約の拘束
帝国と冷戦時代の限界
「慰安婦」に対する理解

第4章　世界の考えを考える　243
1　クマラスワミ報告書
2　マグドゥーガル報告書の「最終報告」
3　米下院の慰安婦決議案
4　ILO条約勧告適用専門家委員会の所見
5　消えた「朝鮮人慰安婦」問題

第5章　日本政府に期待する
：新たな措置に乗り出さなければならない3つの理由　258
1　一九六五年の韓日協定の限界

第3章　ふたたび、日本政府に期待する　246
1　一九六五年の日韓協定の限界
2　未完の一九九〇年代の謝罪と補償
3　〈世界の考え〉と日本の選択

第4章　支援者たちの可能性に向けて　261
1　「基金」批判について
2　政治と理念と
3　言葉の政治学：償い金か見舞金か
4　謝罪意識の可能性と限界
5　「歴史」と現代政治

175　資　料

2　未完の一九九〇年代の「謝罪と補償」
3　世界の視角と日本の役割
第4部　帝国と冷戦を超えて
第1章　慰安婦と国家　277
1　慰安婦と帝国
2　慰安婦と米国
3　慰安婦と韓国
第2章　新しいアジアに向かって：敗戦70年、解放70年　290
1　植民地の矛盾
2　冷戦の思考
3　解決のために
後記　315
参考文献
付録1　慰安婦問題、再び考えねばならない理由
付録2　日本の歴史家たちを支持する声明

第4部　帝国と冷戦を超えて
第1章　慰安婦と国家　283
1　慰安婦と帝国
2　慰安婦とアメリカ
3　慰安婦と韓国
第2章　新しいアジアのために：敗戦70年・解放70年　297
1　植民地の矛盾
2　冷戦の思考
3　解決に向けて
あとがきに代えて
：慰安婦問題を再考しなければならない理由　315
参考文献

資料3　『帝国の慰安婦』出版禁止箇所（三四ケ所）と日本語版の表現

＊「朝鮮語版」の傍線部分は削除箇所を表す。

連番	●朝鮮語版 頁	●朝鮮語版 本文	●日本語版 頁	●日本語版 本文
1	19	千田は「慰安婦」を「軍人」と同様に、兵士の戦争遂行を自分の体を犠牲にしながら助けた「愛国」した存在であると理解している。国家のための軍人の犠牲に対する補償はあるのに、なぜ慰安婦にはないかということが、この本の関心事であり主張でもある。そして、結論から言えば、そのような千田の視角は後に出てきたどんな本よりも慰安婦の本質を正確に探りあてていたのであった。	25	千田は慰安婦を、兵士と同じように、戦争遂行を自分の身体を犠牲にしながら助けた〈愛国〉的存在であると理解している。国家のために働いた軍人の犠牲のための補償はあるのに、なぜ慰安婦はその対象にならなかったのか、というのが、この本の関心事であり主張でもある。そしてこのような千田の視点は、その後に出たどの研究よりも、「慰安婦」の本質を正確に突いたものだった。
2	32	「からゆきさんの後裔」。「慰安婦」の本質は、実はここにある。	39	からゆきさんの後裔――「慰安婦」の本質はここにある。
3	33	「慰安婦」の本質を見るためには、「朝鮮人慰安婦」の苦痛が日本人の娼妓の苦痛と基本的には変わらない点をまず知る必要がある。		【記述なし】
4	38	それに応じて業者に依頼する場合もあっただろうが、一般的な「慰安婦」の大半は「からゆきさん」のような二重性を持った存在だったと見なければならない。	45	千田が言う意味での「慰安婦」の多くは「からゆきさん」のような二重性を持つ存在だった。

5	38	しかし、「慰安婦」たちを「誘拐」して「強制連行」したのは、少なくとも朝鮮の地では、そして公的には、日本軍でなかった。いわば需要を作ったことが、ただちに強制連行の証拠となるものではない。	46	そういう意味では、慰安婦たちを連れていった（「強制連行」との言葉が、公権力による物理的力の行使を意味する限り、少なくとも朝鮮人慰安婦問題においては、軍の方針としては成立していない）ことの「法的」責任は、直接には業者たちに問われるべきである。それも、あきらかな「だまし」や誘拐の場合に限る。需要を生み出した日本という国家の行為は、批判はできても「法的責任」を問うのは難しいことになるのである。
6	61	彼女たちが「皇国臣民ノ誓詞」を覚え、何かの日であれば「国防婦人会」の服を来て着物の上にたすきをかけて参加したのはそのためであった。それは国家が勝手に課した役割だったが、そのような精神的な「慰安」者としての役割―自分の存在の（多少無理な）誇りが彼女たちが直面した厳しい生活を耐えさせることができる力になったことは十分に想像することができる。	77	朝鮮人慰安婦たちが前線でも「皇国臣民ノ誓詞」を覚え、何かの記念日には国防婦人会の服（＝割烹着）に着替えてたすきをかけて参加したというのは、そのような役割を遂行できる前線の〈銃後の女〉にふさわしい女性としての訓練だったとも言えるだろう。それはもちろん国家が勝手に与えた役割だったが、そのような精神的「慰安」者としての役割を、慰安婦たちはしっかり果たしてもいた。
7	62	もちろん、これは日本人慰安婦の場合だ。しかし、朝鮮人慰安婦も、「日本帝国の慰安婦」だった以上、基本的な関係は同じだったと見なければならない。		【記述なし】
8	65	家族と故郷を離れて遠い戦場で、明日は死ぬかもしれない軍人を精神的・身体的に慰安し勇気を引き立ててくれる役割。その基本的な役割は、数々の例外を生んだが、「日本帝国」の一員として要求された「朝鮮人慰安婦」の役割はそのようなものであり、そうであったので愛も芽生えことができた。	80	家族と故郷を離れて明日には死ぬかもしれない軍人たちを見守り、勇気（部隊ではそれを〈士気〉という概念で考えている）を与える役割。朝鮮人慰安婦も普通に愛の対象になりえたのは、彼女たちがまぎれもない「大日本帝国」の一員だったからである。
9	67	そうだとしても、そこにこのような愛と平和が可能であったのは事実であり、それは朝鮮人慰安婦と日本軍の関係が	83	そしてこのようなことがめずらしくなかったのは、朝鮮人慰安婦と日本兵士との関係が構造的には「同じ日本人」と

		基本的には同志的な関係だったからであった。問題は、彼女たちには大切な記憶の痕跡を彼女たち自身が「すべて捨て去った」という点である。「それは放っておけば問題になるかと思って」という言葉は、そのような事実を隠蔽しようとしたのが彼女たち自身だったということを示す言葉でもある。		しての〈同志的関係〉だったからである。そのような外見を裏切る差別を内包しながらも。しかし、彼女たちには大切だったはずのその記憶は、彼女たち自身によって「全部捨て」られるようになる。その理由は、〈それを〉「持ってると問題になるかもしれないから」である。その記憶を隠蔽しようとしたのは、まず当事者たち――彼女たち自身だった。
10	99	ビルマのヤンゴン（ラングーン）にいて、戦争終盤に爆撃を避けてタイに逃げた慰安婦も日本軍の案内で、日本まで来て帰国した場合である。彼女たち「戦争犯罪者」、つまり戦犯たちがいる所に行くことになった理由は、彼女たちが「日本軍」と一緒に行動し、「戦争を遂行した」女性たちだったからだ。たとえ彼女らが、過酷な性労働を強要された「被害者」といっても「帝国の一員」であった以上避けられない運命だった。	122−123	ビルマのヤンゴンから敗戦間際に爆撃を避けてタイに逃げ、そこから帰還したこの元慰安婦もまた日本軍の導きで日本まで来てから帰国した事例である。彼女たちが「戦犯」たち〈連合軍につかまった捕虜たちだったはずだ〉と同じ場所へ行くことになるのは悲劇と言うほかないが、ともかくもそういう状況がありえたのも、連合軍にとっては彼女たちが日本軍と行動をともにし、長らく〈戦争を遂行〉した者たちだったからであろう。
11	112	朝鮮人女性が慰安婦になったのは、今日でもまだ、他の経済活動が可能な文化資本を持たない貧しい女性が売春業に従事することと、同じ構造の中のことである。		【記述なし】
12	120	慰安婦問題を否定する人々は、「慰安」を「売春」とだけ考え、私たちは「強姦」とだけで理解したが、「慰安」とは基本的には、その2つの要素をすべて含んだものであった。つまり、「慰安」は、過酷な食物連鎖構造の中で、実際に金を稼ぐ者は少なかったが、基本的には収入が予想できる労働であり、その意味では「強姦的売春」であった。あるいは「売春的強姦」であった。	145	日本の否定者たちは植民地朝鮮との関係を見ないまま単なる「売春」とのみ考え、韓国は被害者としての思いを「強姦」のイメージに集約させたが、そこでは植民地だったゆえに強いられた協力的構造が両方によって否認されていた。

13	130	阿片は、一日一日の痛みを忘れるための手段だっただろう。しかし、証言によると、ほとんどは「主人」や商人を通じた直接使用だった。軍人と一緒に使用した場合は、むしろ楽しむためのものであったと見なければならない。	151	そして証言では、自分に阿片を打ったのは「主人」だったとしているが、アニメーションでは「軍人」が打ったかのように描かれる。（中略）阿片は、身体の痛みをやわらげる一方で、時には性的快楽を倍増するためにも使われていた。
14	137	日本人、朝鮮人、台湾人「慰安婦」の場合、「奴隷」的ではあっても基本的には軍人と「同志」的な関係を結んでいた。つまり、同じ「帝国日本」の女性としての兵士を「慰安」することが彼女たちに付与された公的な役割だった。彼女らの性の提供は、基本的には日本帝国に対する「愛国」の意味を持っていた。		【記述なし】
15	158	そのような意味で見たとき、「そのような類の業務に従事していた女性が自ら望んで戦場に慰問に行った」とか、「女性が本人の意思に反して慰安婦になることになることはなかった」（木村才蔵）の見解は、「事実」として正しいかもしれない。		【記述なし】
16	160	むしろ彼女たちの「笑顔」は、売春婦としての笑顔ではなく、兵士を「慰安」する役割を付与された「愛国処女」としての笑顔と見なければならない（「和解のために」）。	231	彼女たちの笑みは、売春婦としての笑みというより、兵士を慰安する役割に忠実な〈愛国娘〉の笑みだった。
17	160	植民地人として、また「国家のために」戦うとの大義名分を持っている男性のために最善を尽くさなければならない「民間人」「女性」として、彼女たちに許容された自尊心——自分の存在の意義、承認——は、「国家のために戦う兵士たちを慰めてくれている」（木村才蔵）との役割を肯定的に内面化する愛国心だけだったかもしれない。	232	植民地人として、そして〈国家のために〉闘っているという大義名分を持つ男たちのために尽くすべき「民間」の「女」として、彼女たちに許された誇り——自己存在の意義、承認——は、「国のために働いている兵隊さんを慰めている」（木村才蔵、二〇〇七）との役割を肯定的に内面化する愛国心しかなかった。

18	19	20
190	191	205
個人としての「慰安婦」のもう一つの記憶が抑圧されて封鎖されてきた理由もそこにある。日本軍人と「恋愛」もして「慰安」を「愛国」することと思うこともあった慰安婦たちの記憶が隠蔽された理由は、彼女たちがいつまでも日本に対して韓国が「被害民族」であることを証明してくれる存在であったからである。「慰安婦」たちに個人としての記憶が許可されなかったのも、そのためである。彼女たちは、まるで解放後の生活をスキップでもしたように、いつまでも「15歳の少女被害者」であるか、「戦う闘士のハルモニ」にとどまっている必要があった。	しかし、国家が軍隊のための性労働を当然視したのは事実だが、その時に法的に禁止されていなかった以上、それについて「法的責任」を問うのは難しいことである。また、強制連行と強制労働自体を国家と軍に指示していない以上（日本軍の公式規律がレイプや無償労働、暴行を制御する立場であった以上）強制連行に対する法的責任を日本の国家にあるとは言い難い。つまり、慰安婦たちに行われた暴行や強制的な無償労働に関する被害は、1次的には業者と軍人個人の問題として問うしかない。	しかし実際に、朝鮮人慰安婦は「国家」のために動員され、日本軍と一緒に戦争に勝とうと彼らを守り、士気を鼓舞した者たちでもあった。大使館前の少女像は、彼女たちのこのような姿を隠蔽する。
166	173	154−155
日本兵と恋愛し、慰安を〈愛国〉することと考えてもいたような慰安婦たちの記憶が抑圧されてきたのは、彼女たちがいつまでも民族を代表する存在でなければならなかったからである。彼女たちがいつまでも一五歳の少女被害者か、あるいは闘士として生き続けなければならなかったのも、その結果である	しかし、法的賠償を求める挺対協の要求は、「強制連行」の指示や実践が、軍全体の系統立った方針と命令系統が確認されない限り、妥当なものとは言えない。法的賠償は問えないのである。しかも「業者」をも法的責任を問うべき対象と想定すると、韓国人もまた共犯者としてその対象になるほかない。彼女たちが慰安婦になった道義的責任を問うのなら、彼女たちを守れずに慰安婦にした家父長制や、国家制度に依存していたすべての人にも、責任を問うべきだろう。	しかし、実際は少女像は、差別されながらも戦争遂行の同志だった記憶や許しの記憶を消去したまま、恨みだけを込めた目で、日本に対する敵対状況に列なることを要求する。したがって、〈日本軍より業者が憎い〉とする慰安婦もそこには存在し得ない。結果的にそこには〈朝鮮人慰安婦はいない〉。

21	22	23	24	25
206	206	207	208	215
彼女たちが解放後帰ってこれなかったのは、日本だけでなく、私たち自身のせいでもあった。すなわち、「汚された」女性を排斥する純潔主義と家父長的認識も長い間彼女たちを故郷に帰れないようにした原因だった。しかし、そこにあるのはただ性的に汚された記憶だけではない。日本に協力した記憶、それもまた彼女たちを帰れないようにしたものではなかっただろうか。いわば「汚された」植民地の記憶は、「解放された韓国」には必要なかった。	そんな「被害者」少女にマフラーを巻いてあげ靴下を履かせ傘をさしてあげた人たちが、彼女たちが日本の服を着て日本名を持つ「日本人」として「日本軍」に協力したという事実を知ったら、同じ手で彼女たちを指弾するかもしれない。	協力の記憶を去勢し、一つのイメージ、抵抗して闘争するイメージのみを表現する少女像は、協力しなければならなかった慰安婦の悲しみを表現できない。	ホロコーストには、「朝鮮人慰安婦」が持つ矛盾、つまり被害者であり協力者であったとの二重的な構図はない。	しかし、日本政府は謝罪したし、二〇一二年春にも再び謝罪を提案した。そして、これからも挺対協が主張する国会の立法が実現する可能性はない。その理由は、一九六五年の条約、少なくとも「強制連行」という国家暴力が朝鮮人
155	155	156	156	
彼女たちが解放後に帰ってこられなかったのは、日本だけでなく韓国自身のせいでもあった。〈汚された〉女性を排除する純潔主義と家父長的認識も、彼女たちを長い間故郷に帰らせなかった原因だった。しかし性的に汚された記憶だけでなく、日本に協力した記憶もまた彼女たちを帰らせなかったものではなかっただろうか。つまり、〈汚された〉植民地の記憶は、解放された韓国にはもはや必要ではなかった。	そのような人々は、彼女たちが日本の着物を着て、日本の名前を持った「日本人」として日本軍に協力したことを知ったら、同じ指で指して彼女たちを非難するのだろうか。	協力の記憶を消し、抵抗と闘争のイメージだけを表現する少女像では、日本に協力しなければならなかった慰安婦の本当の悲しみは表現できない。	ホロコーストには朝鮮人慰安婦が持つ矛盾――すなわち被害者で協力者という二重の構造は、すくなくとも一般的にはない。	【記述なし】

		慰安婦に関して行われたことはないということ、あるとすれば、どこまでも例外的な事例であって、個人の犯罪とみるほかなく、そうである限り「国家犯罪」と言うことはできない点にある。		
26	246	一九九六年時点で「慰安婦」とは根本的に「売春」の枠組みの中にあった女性たちであることを知っていたのだ。	200	一九九六年の時点で、「慰安婦」とは、基本的に「売春」の枠組みの中のことであることに気づいていた。
27	264	朝鮮人慰安婦は同じ日本人女性としての同志の関係であった。		【記述なし】
28	265	その理由は、「朝鮮人慰安婦」が「戦争」を媒介とした、明確に被害者と加害者の関係に分けることができる存在ではなく、植民地支配下で動員された「帝国の被害者」でありながら、構造的にはともに国家に協力（戦争遂行）をすることになった「同志」の側面を帯びた複雑な存在だったからであった。	255	つまり朝鮮人慰安婦や台湾人慰安婦は、戦争を媒介として加害者と被害者の関係で規定される存在ではなく、植民地になったがために動員された〈帝国主義の被害者〉でありながら、実質的にはいっしょに国家への協力（戦争遂行）をしてアジアに対して加害者となった複雑な存在だった。
29	291	「朝鮮人慰安婦」とは、「このようにして朝鮮や中国の女性たちが日本の公娼制度の最下層に編入され、アジア太平洋戦争期の『慰安所』の最大の供給源」（110ページ）とされるなかで生まれた存在であった。	298	「朝鮮人慰安婦」は「日本の公娼制度の最下層に組み入れられ、アジア・太平洋戦争期の『慰安所』の最大の供給源」（山下英愛、二〇〇八、一一〇頁）になったことで、生じた存在であった。
30	294	彼らがそのように戦場まで一緒に行くようになったのは、同じ「日本帝国」の構成員、「娘子軍」と呼ばれる「準軍人」のような存在だったからである。		【記述なし】
31	294	彼女たちが「娘子軍」と呼ばれたのは、彼女たちが国家の勢力を拡張する「軍隊」の補助の役割をしたからである。	307	彼女たちが「娘子軍」と呼ばれたのは、彼女たちが国家の勢力を拡張する軍隊の補助的役割を果たしたからだ。

32	294	「朝鮮人慰安婦」は、被害者であったが、植民地人としての協力者でもあった。		【記述なし】
33	296	そして、「自発的に行った売春婦」というイメージを私たちが否定してきたことも、やはりそのような欲望、記憶と無関係ではない。	299	自発的に行った人もいた「慰安婦」像を韓国が受け止めえなかったのは、そういうことの延長線上のことである。
34	306	中国やオランダのような日本の敵国の女性の「完璧な被害」の記憶を借りて上書きし、朝鮮の女性たちの「協力」の記憶を消した少女像を介してそれらを「民族の娘」にするのは、家父長制と国家の犠牲者だった「慰安婦」を再び国家のために犠牲にすることであるだけだ。		【記述なし】

出典：「『帝国の慰安婦』名誉毀損対象の引用目録と日本語版の表現」「東アジアの永遠平和のために」〔http://east-asian-peace.hatenablog.com/entry/2015/03/18/234912〕掲載（二〇一五年一〇月六日確認）を元に形式を改変し、日本語訳も全面的に修正した。

資料4　朴裕河氏の起訴に対する抗議声明

『帝国の慰安婦』の著者である朴裕河氏をソウル東部検察庁が「名誉毀損罪」で起訴したことに、私たちは強い驚きと深い憂慮の念を禁じえません。昨年一一月に日本でも刊行された『帝国の慰安婦』には、「従軍慰安婦問題」について一面的な見方を排し、その多様性を示すことで事態の複雑さと背景の奥行きをとらえ、真の解決の可能性を探ろうという強いメッセージが込められていたと判断するからです。

検察庁の起訴文は同書の韓国語版について「虚偽の事実」を記していると断じ、その具体例を列挙していますが、それは朴氏の意図を虚心に理解しようとせず、予断と誤解に基づいて下された判断だと考えざるを得ません。何よりも、この本によって元慰安婦の方々の名誉が傷ついたとは思えず、むしろ慰安婦の方々の哀しみの深さと複雑さが、韓国民のみならず日本の読者にも伝わったと感じています。

そもそも「慰安婦問題」は、日本と韓国の両国民が、過去の歴史をふり返り、旧帝国日本の責任がどこまで追及されるべきかについての共通理解に達することによって、はじめて解決が見いだせるはずです。その点、朴裕河氏は「帝国主義による女性蔑視」と「植民地支配がもたらした差別」の両面を掘り下げ、これまでの論議に深みを与えました。

慰安婦が戦地において日本軍兵士と感情をともにすることがあったことや、募集に介在した朝鮮人を含む業者らの責任なども同書が指摘したことに、韓国だけでなく日本国内からも異論があるのは事実です。しかし、同書は植民地支配によってそうした状況をつくり出した帝国日本の根源的な責任を鋭く突いており、慰安婦問題に背を向けようとする日本の一部論調に与するものでは全くありません。また、さまざまな異論も含めて慰安婦問題への関心と議論を喚起した意味でも、同書は大きな意義をもちました。

起訴文が朴氏の「誤り」の根拠として「河野談話」を引き合いに出していることにも、強い疑問を感じざるを得ません。

同書は河野談話を厳密に読み込み、これを高く評価しつつ、談話に基づいた問題解決を訴えているからに他なりません。

同書の日本版はこの秋、日本で「アジア太平洋賞」の特別賞と、「石橋湛山記念　早稲田ジャーナリズム大賞」を相次いで受賞しました。それはまさに「慰安婦問題」をめぐる議論の深化に、新たな一歩を踏み出したことが高く評価されたからです。

昨年来、この本が韓国で名誉毀損の民事裁判にさらされていることに私たちは憂慮の目を向けてきましたが、今回さらに大きな衝撃を受けたのは、検察庁という公権力が特定の歴史観をもとに学問や言論の自由を封圧する挙に出たからです。何を事実として認定し、いかに歴史を解釈するかは学問の自由にかかわる問題です。特定の個人を誹謗したり、暴力を扇動したりするようなものは別として、言論に対しては言論で対抗すべきであり、学問の場に公権力が踏み込むべきでないのは、近代民主主義の基本原理ではないでしょうか。なぜなら学問や言論の活発な展開こそ、健全な世論の形成に大事な材料を提供し、社会に滋養を与えるものだからです。

韓国は、政治行動だけでなく学問や言論が力によって厳しく統制された独裁の時代をくぐり抜け、自力で民主化を成し遂げ、定着させた稀有の国です。私たちはそうした韓国社会の力に深い敬意を抱いてきました。しかし、いま、韓国の憲法が明記している「言論・出版の自由」や「学問・芸術の自由」が侵されつつあるのを憂慮せざるをえません。また、日韓両国がようやく慰安婦問題をめぐる解決の糸口を見出そうとしているとき、この起訴が両国民の感情を不必要に刺激しあい、問題の打開を阻害する要因となることも危ぶまれます。

今回の起訴をきっかけにして、韓国の健全な世論がふたたび動き出すことを、強く期待したいと思います。日本の民主主義もいま多くの問題にさらされていますが、日韓の市民社会が共鳴し合うことによって、お互いの民主主義、そして自由な議論を尊重する空気を永久に持続させることを願ってやみません。

今回の起訴に対しては、民主主義の常識と良識に恥じない裁判所の判断を強く求めるとともに、両国の言論空間における議論の活発化を切に望むものです。

二〇一五年一一月二六日

賛同人一同

（出典：Ｗｅｂサイト「朴裕河氏の起訴に対する抗議声明」〔http://www.ptkks.net/〕）

資料5　『帝国の慰安婦』事態に対する立場

日本軍「慰安婦」問題について深く考えこの問題の正当な解決のために努力してきた私たちは、朴裕河教授の『帝国の慰安婦』に関連する一連の事態に対して実に遺憾に思っています。

二〇一三年に出版された『帝国の慰安婦』に関連して、二〇一四年六月に日本軍「慰安婦」被害者九名が朴裕河教授を名誉毀損の疑いで韓国検察に告訴し、去る一一月一八日に朴裕河教授が在宅起訴されました。これに対し、韓国の一部の学界や言論界から学問と表現の自由に対する抑圧であるという憂慮の声が出ており、日本では一一月二六日に日本とアメリカの知識人五四名が抗議声明を発表しました。私たちは原則的には研究者の著作に対して法廷で刑事責任を問うという方式で断罪することは適切でないと考えます。しかし、今回の検察の起訴が『帝国の慰安婦』によって甚大な心の傷を受けた日本軍「慰安婦」被害者たちによってなされたという点を考慮する時、今この時点で今回の起訴について評価することには極めて慎重であらねばならないと考えます。

私たちがもっと憂慮することは、この一連の事態が問題の本質から離れ、学問と表現の自由へと焦点を移しているという点です。日本軍「慰安婦」問題が日本の国家機関の関与のもと本人の意思に反して連行された女性たちに「性奴隷」になることを強いた、極めて反人道的かつ醜悪な犯罪行為に関するものであるという事実、その犯罪行為によって実に深刻な人権侵害を受けた被害者たちが今この瞬間にも終わることのない苦痛に耐えながら生きているという事実こそが、何よりも深刻に認識されなければなりません。その犯罪行為について日本は今、国家的次元で謝罪と賠償をし歴史教育をしなければならないということが国際社会の法的常識です。しかし、日本政府は一九六五年にはその存在自体を認めなかったため議論さえ行われなかった問題について一九六五年に解決されたと強弁する不条理に固執しています。日本軍「慰安婦」被害者たちはその不条理に対し毎週水曜日にすでに一二〇〇回以上も「水曜デモ」を開催しており、高齢の身をおして全世界を回りながら「正義の解決」

を切実に訴えています。私たちは、これらの重い事実を度外視した研究は決して学問的でありえないと考えます。

私たちは、『帝国の慰安婦』が事実関係、論点の理解、論拠の提示、叙述の均衡、論理の一貫性などさまざまな面において多くの問題を孕んだ本であると思います。既存の研究成果や国際社会の法的常識によって確認されたように、日本軍「慰安婦」問題の核心は日本という国家の責任です。それにもかかわらず『帝国の慰安婦』は、責任の主体は「業者」であるという前提に基づいています。法的な争点に対する理解の水準はきわめて低いのに比べて、主張の水位はあまりにも高いものです。充分な論拠の提示をせずに、日本軍「慰安婦」被害者たちが「日本帝国に対する『愛国』」のために「軍人と『同志』的な関係」にあったと規定することは、「被害の救済」を切実に訴えている被害者たちに更なる深刻な苦痛を与えるものであるといわざるをえません。このように、私たちは『帝国の慰安婦』が充分な学問的裏付けのない叙述によって被害者たちに苦痛を与える本であると判断します。ゆえに、私たちは日本の知識社会が「多様性」を全面に押し出して『帝国の慰安婦』を積極的に評価しているという事実に接して、果たしてその評価が厳密な学問的検討を経たものなのかについて実に多くの疑問を持たざるをえません。

私たちは、この事態を何よりも学問的な議論の中で解決しなければならないと考えます。韓国と日本と世界の研究者たちが問題について議論し、その議論の中で問題の実態を確認し解決方法を見つけるために、ともに知恵を出し合うことが必要であると思います。そこで、私たちは研究者たちが主体になる長期的かつ持続的な議論の場を作ることを提案します。また、その一環として、まず朴裕河教授や『帝国の慰安婦』を支持する研究者たちに、可能な限り近いうちに公開討論を開催することを提案します。最後に、私たちは名誉棄損に対する損害賠償請求と告訴という法的な手段に訴えねばならなかった日本軍「慰安婦」被害者らの痛みを深く反芻し、日本軍「慰安婦」被害者たちにさらなる苦痛を与えるこのような事態に陥るまで私たちの思考と努力が果たして十分であったのかどうか深く反省します。また、外交的・政治的・社会的な現実によってではなく、正義の女神の秤が正に水平になるような方法で日本軍「慰安婦」問題が解決されるよう、更なる努力を重ねていくことを誓います。

二〇一五年一二月九日
日本軍「慰安婦」被害者たちの痛みに深く共感し「慰安婦」問題の正当な解決のために活動する研究者・活動家一同

（出典：前掲「東アジアの永遠平和のために」）

資料6　慰安婦関係調査結果発表に関する河野内閣官房長官談話

平成五年八月四日

いわゆる従軍慰安婦問題については、政府は、一昨年一二月より、調査を進めて来たが、今般その結果がまとまったので発表することとした。

今次調査の結果、長期に、かつ広範な地域にわたって慰安所が設置され、数多くの慰安婦が存在したことが認められた。慰安所は、当時の軍当局の要請により設営されたものであり、慰安所の設置、管理及び慰安婦の移送については、旧日本軍が直接あるいは間接にこれに関与した。慰安婦の募集については、軍の要請を受けた業者が主としてこれに当たったが、その場合も、甘言、強圧による等、本人たちの意思に反して集められた事例が数多くあり、更に、官憲等が直接これに加担したこともあったことが明らかになった。また、慰安所における生活は、強制的な状況の下での痛ましいものであった。

なお、戦地に移送された慰安婦の出身地については、日本を別とすれば、朝鮮半島が大きな比重を占めていたが、当時の朝鮮半島は我が国の統治下にあり、その募集、移送、管理等も、甘言、強圧による等、総じて本人たちの意思に反して行われた。

いずれにしても、本件は、当時の軍の関与の下に、多数の女性の名誉と尊厳を深く傷つけた問題である。政府は、この機会に、改めて、その出身地のいかんを問わず、いわゆる従軍慰安婦として数多の苦痛を経験され、心身にわたり癒しがたい傷を負われたすべての方々に対し心からお詫びと反省の気持ちを申し上げる。また、そのような気持ちを我が国としてどのように表すかということについては、有識者のご意見なども徴しつつ、今後とも真剣に検討すべきものと考える。

われわれはこのような歴史の真実を回避することなく、むしろこれを歴史の教訓として直視していきたい。われわれは、歴史研究、歴史教育を通じて、このような問題を永く記憶にとどめ、同じ過ちを決して繰り返さないという固い決意を改めて表明する。

なお、本問題については、本邦において訴訟が提起されており、また、国際的にも関心が寄せられており、政府としても、今後とも、民間の研究を含め、十分に関心を払って参りたい。

（出典：外務省ＨＰ〔http://www.mofa.go.jp/mofaj/area/taisen/kono.html〕）

資料7　アジア女性基金事業実施に際しての総理の手紙

拝啓

このたび、政府と国民が協力して進めている「女性のためのアジア平和国民基金」を通じ、元従軍慰安婦の方々へのわが国の国民的な償いが行われるに際し、私の気持ちを表明させていただきます。

いわゆる従軍慰安婦問題は、当時の軍の関与の下に、多数の女性の名誉と尊厳を深く傷つけた問題でございました。私は、日本国の内閣総理大臣として改めて、いわゆる従軍慰安婦として数多の苦痛を経験され、心身にわたり癒しがたい傷を負われたすべての方々に対し、心からおわびと反省の気持ちを申し上げます。

我々は、過去の重みからも未来への責任からも逃げるわけにはまいりません。わが国としては、道義的な責任を痛感しつつ、おわびと反省の気持ちを踏まえ、過去の歴史を直視し、正しくこれを後世に伝えるとともに、いわれなき暴力など女性の名誉と尊厳に関わる諸問題にも積極的に取り組んでいかなければならないと考えております。

末筆ながら、皆様方のこれからの人生が安らかなものとなりますよう、心からお祈りしております。

敬具

平成八（一九九六）年

日本国内閣総理大臣　橋本龍太郎

（出典：首相官邸ＨＰ〔http://www.kantei.go.jp/jp/hasimotosouri/speech/1996/0819.html〕）

あとがき

『帝国の慰安婦』を手に入れたのは確か二〇一四年の春のことである。その時はこれほどの大事になるとは考えなかったが、その後「慰安婦」にさせられた被害者たちが『帝国の慰安婦』の記述を理由に著者を訴えたことを知り、本書を読みはじめた。頁を繰るごとに目を疑う記述があらわれ、まさに驚きの連続であった。その内容も当事者たちが激怒しても不思議ではないと思われた。

だが日本の言論・出版界の反応はまったく違った。著者の政治的主張への是非は別にしても、あまりに内容が粗雑なため、正面から評価されることはあるまいと思っていた私の見立ては見事に裏切られ、とりわけ日本語版が出版されてからその評価は高まる一方であった。それどころか著者を訴えた「慰安婦」被害者の人びとが支援団体に操られているかのように報道され、『帝国の慰安婦』を「誤読」し、国家の言論弾圧に手を貸したかのような非難が沸き上がった。

私には日本社会のこうした反応は異様に思えた。歴史的事実の理解の杜撰さや歴史修正主義との親和性を批判するどころか、植民地主義を批判した「良心的」な本であると絶賛し、『帝国の慰安婦』が用意したフレーム通りに被害者たちの行動を解釈する人びとをみながら、日本の言論・出版界は何か根本的な欠陥を抱えているのではないかという疑念を抱かざるをえなかった。本格的な『帝国の慰安婦』の検証を始めようと考えたのは、こうした日本社会の異様な礼賛ぶりと、訴えた被害者たちへの非難を放置しておくわけにはいかないと考えたからである。

私はこれまで在日朝鮮人の歴史を研究してきた。日本軍「慰安婦」問題について専門的に研究したり、解決のための運動に関わってきたわけでもなかったが、それでも『帝国の慰安婦』の欠陥は理解できた。こんな理解になるはずがない、と考えて出典を確認すると、案の定先行研究や証言を都合よく「解釈」している。一つや二つではなく、ほとんどの叙述に何らかの誤謬がある。この本では朴裕河の「論旨」に関連のあるものに誤謬の指摘を留めたが、それは「徴兵自体は国民として国家総動員法に基づいて行われたもの」（一八四頁）といった初歩的な誤り（徴兵の根拠法は兵役法である）をあげていけばきりがないからだ。

問題はどこに批判を発表するかであった。こうした検証の作業はそれ自体がただちに歴史研究になるわけでもなく、発表する媒体も思いつかなかったため、自らのブログ（「日朝国交『正常化』と植民地支配責任」http://kscykscy.exblog.jp/）に「朴裕河『帝国の慰安婦』の「方法」について」と題して公開することにした。「慰安婦」問題に関する史料を著者がいかに恣意的に解釈しているかを指摘し続けたところ、幸いこの指摘が『帝国の慰安婦』に違和感を覚えていた人たちの目にとまり、一部は『季刊戦争責任研究』第八四号（二〇一五年六月）に「歪められた植民地支配責任論——朴裕河『帝国の慰安婦』批判」として発表することができた。この本の第3章は、この論文をもとにさらに加筆・修正したものである。

何よりありがたかったのは、有志の方々が私の批判を自主的に朝鮮語に翻訳してくれたこと、そしてそのおかげで、ＳＮＳを通じて韓国の人びとに広く読まれたことである。歴史学術誌『歴史批評』からも原稿依頼があり、韓国の歴史研究者たちに向けて論文を書くこともできた。朝鮮籍の在日朝鮮人である私は韓国政府に入国拒否されており、拒否の不当性を争った行政訴訟でも敗訴してしまったため、いまは韓国に入ることができない。だからこそ、文章だけでも韓国の人びとに広く読まれることになったのはとりわけ嬉しかった。この場を借りて、翻訳・紹介してくださった方々に感謝したい。

韓国の人びとに多く読まれたこと、特に『歴史批評』に論文が掲載されたことがきっかけとなり、著者の朴裕河氏との「論争」が始まったが、残念ながらほとんど実のある議論にはならなかった。私が在日朝鮮人であることをことさらに強調したり、次から次へと『帝国の慰安婦』とは異なる主張を展開して「反論」してくる朴氏の手法に惑わされないためにも、私は『帝国の慰安婦』の問題を徹底的に洗い出す作業に着手せざるをえなくなった。

明らかに『帝国の慰安婦』は「慰安婦」に関する「本質」を修正する主張を展開しているにもかかわらず、批判にさらされると自らは「多様性」を示したに過ぎないと反論し、むしろ批判者たちが「多様性」を認めないかのように責任を転嫁する。こうした無責任な「反論」をしっかりと批判するためにも、個別の歴史的事実の誤りにとどまらない、『帝国の慰安婦』の叙述が抱えている構造的な問題を全面的に明らかにする必要があったのである。

その結果、この本は『帝国の慰安婦』批判に留まらず、歴史修正主義の方法を批判的に考察するケーススタディとなることをめざすことになった。個別の歴史的事実の誤りの指摘にとどまらず（それは決して難しくはない）、『帝国の慰安婦』があらゆる批判を無効化し、しかも「良心的」にみえてしまうからくりを解き明かすことは、『帝国の慰安婦』のみならず、歴史的事実を恣意的に修正せんとする際に用いられる手法を批判的に見抜く視座を提供することにつながる。逆にこのからくりを暴露しないことには、『帝国の慰安婦』への全面的な批判にはなりえない。私が「方法」の問題にこだわったのはこのためである。

ようやくここまでたどり着いたが、果たしてこの本は所期の目的を達成できただろうか。その判断は読者諸賢に委ねるほかない。いまは私の作業が「慰安婦」とさせられた被害者たちの名誉回復の助けになることを願うばかりである。

＊

この本の出版までの道のりは必ずしも平坦ではなかった。日本の言論・出版界が『帝国の慰安婦』礼賛一色に染まり全国紙や総合雑誌にまったく批判が載らないなか（それはいまも変わらない）、孤独で苦しみばかりが多い作業をひとまずはまっとうし、この本を出版することができたのは、『帝国の慰安婦』批判の意義を認めて励ましてくださった方々のおかげである。この場を借りて感謝したい。

とくに宮田仁さんは、早くから私の作業の意義を認めていただき、出版のために力を尽くしてくださった。「戦争と女性への暴力」リサーチ・アクションセンター（VAWW RAC）のみなさんには、初めて公開で『帝国の慰安婦』批判を報告する場を設けていただいた。金富子さん、梁澄子さん、吉見義明さん、中野敏男さん、加藤圭一さん、高和政さん、北原みのりさん、坂元ひろ子さん、小野沢あかねさん、永山聡子さん、金優綺さんには、原稿や関連する報告について貴重な助言をいただいた。また、尹美香さんは故・黄順伊さんについての貴重な思い出を教えてくださった。康昌宗さん、林慶花さんは私の作業を適切な翻訳により韓国に紹介してくださった。また、金富子さん、岡本有佳さんには出版のために尽力していただいた。

最後に、多くの出版関係者が躊躇するなかで、『帝国の慰安婦』事態を批判的に考察することの意義を認めて、出版を引き受けてくださった世織書房の伊藤晶宣さんに感謝したい。

二〇一六年二月二三日

著者

〈著者プロフィール〉

鄭 栄桓（チョン・ヨンファン）
1980年千葉県生まれ。一橋大学大学院社会学研究科博士後期課程修了（社会学博士）。立命館大学コリア研究センター専任研究員を経て、現在明治学院大学教養教育センター准教授。専門は歴史学、朝鮮近現代史・在日朝鮮人史。著書に『朝鮮独立への隘路——在日朝鮮人の解放五年史』（法政大学出版局、2013年）、共著に、趙景達編『植民地朝鮮——その現実と解放への道』（東京堂出版、2011年）などがある。

忘却のための「和解」——『帝国の慰安婦』と日本の責任

2016年3月24日　第1刷発行 ©
2016年6月17日　第2刷発行

著　者	鄭 栄桓
装幀者	M. 冠着
発行者	伊藤晶宣
発行所	(株)世織書房
印刷所	(株)ダイトー
製本所	協栄製本(株)

〒220-0042　神奈川県横浜市西区戸部町7丁目240番地　文教堂ビル
電話 045-317-3176　振替 00250-2-18604

落丁本・乱丁本はお取替えいたします　Printed in Japan
ISBN978-4-902163-86-5